伊能図大全

第4巻

伊能大図

九州・九州沿海図

渡辺一郎 監修

河出書房新社

目次

はじめに　3
九州　大図全図　4
九州沿海図　大図全図　6
九州　大図索引図　8
九州沿海図　大図索引図　10
第178号　小倉（1）〜（3）　12
第179号　中津（1）〜（3）　18
第180号　日田（1）〜（3）　24
第181号　大分（1）〜（3）　29
第182号　豊後竹田（1）〜（3）　34
第183号　佐伯（1）〜（3）　38
第184号　延岡（1）〜（2）　44
第185号　宮崎（1）〜（3）　48
第186号　宗像（1）〜（2）　53
第187号　福岡（1）〜（4）　56
第188号　佐賀・久留米（1）〜（3）　64
第189号　唐津（1）〜（3）　70
第190号　佐世保（1）〜（2）　75
第191号　壱岐　78
第192号　対馬（1）〜（3）　80
第193号　熊本（1）〜（3）　83
第194号　椎葉（1）〜（3）　88
第195号　八代（1）〜（2）　92
第196号　島原（1）〜（3）　95
第197号　小林（1）〜（3）　100
第198号　飫肥（1）〜（3）　105
第199号　都城（1）〜（3）　108
第200号　人吉（1）〜（4）　113
第201号　大村（1）〜（3）　119
第202号　長崎（1）〜（4）　123
長崎参考図（1）〜（3）　129
第203号　天草下島（1）〜（3）　134
第204号　平戸（1）〜（2）　140
第205号　崎戸（1）〜（2）　143
第206号　小値賀（1）〜（4）　146
第207号　福江（1）〜（3）　151
第208号　阿久根（1）〜（4）　156
第209号　鹿児島（1）〜（3）　162
第210号　串木野・枕崎（1）〜（3）　168
第211号　山川（1）〜（3）　173
第212号　甑島（1）〜（2）　177
第213号　種子島（1）〜（3）　179
第214号　屋久島（1）〜（3）　183

九州沿海図

第1図　小倉・下関（1）〜（3）　188
第2図　中津（1）〜（3）　194
第3図　大分（1）〜（3）　200
第4図　臼杵（1）〜（3）　205
第5図　佐伯（1）〜（3）　210
第6図　延岡（1）〜（3）　216
第7図　宮崎・高鍋（1）〜（3）　220
第8図　飫肥（1）〜（3）　223
第9図　志布志（1）〜（2）　228
第10図　鹿児島（1）〜（5）　232
第11図　都城　240
第12図　枕崎・串木野（1）〜（3）　242
第13図　川内・阿久根（1）〜（3）　247
第14図　長島（1）〜（2）　252
第15図　甑島（1）〜（2）　254
第16図　八代（1）〜（3）　256
第17図　人吉（1）〜（3）　261
第18図　熊本（1）〜（3）　264
第19図　天草諸島（1）〜（4）　270
第20図　阿蘇（1）〜（2）　276
第21図　豊後竹田（1）〜（2）　279

本巻収録大図の地図凡例
○　宿駅
☆　天測点
⚓　湊
⛩　神社

第4巻　伊能大図　九州・九州沿海図

はじめに

渡辺一郎

本巻は九州地方の大図三七図と参考図一図、および九州第一次測量地域のみを描いた九州沿海図大図二一図を収載する。伊能隊は、第七次測量、第八次測量と二回の九州測量において、往復日数を除き、九州地方に約一二七〇日滞在した。全測量日程の三分の一が九州測量に費やされたことになる。

伊能大図は全部で二一四図であるから、九州の大図三七図は一七・二％にしかならない。離島、複雑な海岸線のほか、遠隔の地なので、再測量など覚束ないので、入念に作業が行なわれたためかもしれない。個性豊かな各種伊能図が並んでいるので、充分に堪能できる。

本巻では海上保安庁海洋情報部の大図（海保大図）を一三図紹介しているが、ここでは二系統の海保大図九図を掲載した。第一八一号「大分」、第一八三号「佐伯」、第一八五号「宮崎」は、国会大図や歴博大図と同系統の原寸大の模写図で、『伊能大図総覧』（小社刊）刊行を機会に、海保大図一四七図の全数調査を行なった際に発見された、華麗な伊能大図である。

第二〇九号「鹿児島」、第二〇一号「大村湾」、第二〇六号「小値賀」、第二〇七号「福江」、第二一三号「種子島」、第二一四号「屋久島」は、約三分の一に縮写されていた図であるが、非常によくできた模写図である。他と同じ縮尺に拡大しても問題がなく、家並みや風景などの描写が行き届いている。

第二〇四号「平戸」、第一九一号「壱岐」は、松浦史料博物館所蔵の伊能図副本である。平戸侯松浦静山が西国測量開始の情報を聞いて、忠敬に依頼して領内の精密な地図を入手しようと忠敬に申し込んだことが『甲子夜話』に出てくる。希望は次世代に継承されたが、忠敬の生前には入手できず、没後に忠敬の遺言を受けた内弟子の保木敬蔵が制作し、上司の高橋景保から謹呈されたという。来歴が明白な数少ない伊能図である。謝礼の金品の内容まで記録がある。

九州測量に多大な日数を要した理由の一つは、離島を丁寧に測った影響が大きい。とくに膨大な時間がかけられたのは、海保大図の第二〇六号「小値賀」、第二〇七号「福江」、第二一三号「種子島」、第二一四号「屋久島」やアメリカ大図着色再現図の第一九二号「対馬」、第二〇三号「天草下島」などである。

九州測量に時間がかかったもう一つの理由として、九州北部の測線が非常に濃密なことがあげられる。記録に出ているわけではないが、念を入れて測るべしという特別な指示が出ていたことが想像できる。屋久島と種子島測量は当初、困難なら行かなくてもいいという含みで出かけたが、九州第一次測量の途上から断念したいと申請したら「再び行くのも大変なので」「この際、見届けよ」と指示が出て、九州第二次測量になった。九州北部の濃密な測線も、何らかの特別な理由があった可能性は否定できない。

九州沿海図は九州第一次測量終了後に仕上げられたものであるが、国指定重要文化財で、非常に華麗な伊能図副本である。大谷亮吉が確認後、長らく所在不明だったが、一九九七年に東京国立博物館資料部の佐々木第二研究室長（当時）により発見された。浅草文庫の印があり、天文方に所蔵されていたのではないかといわれる。測量のたびに制作された測量地域図は、少しずつ彩色方式を変えて制作が試みられた。本図は海面を塗りつぶし、山景は濃い黄緑、平地は薄赤系に着色する。海面の塗りつぶしが珍しいが、山景の部分をとらえてみると、東京国立博物館所蔵の伊能中図にかなり近い。

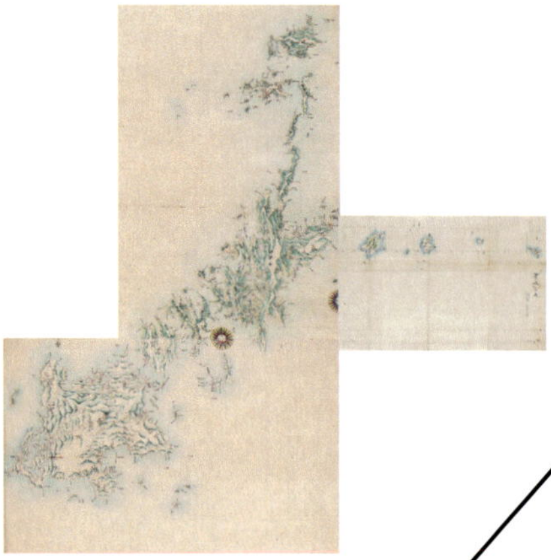

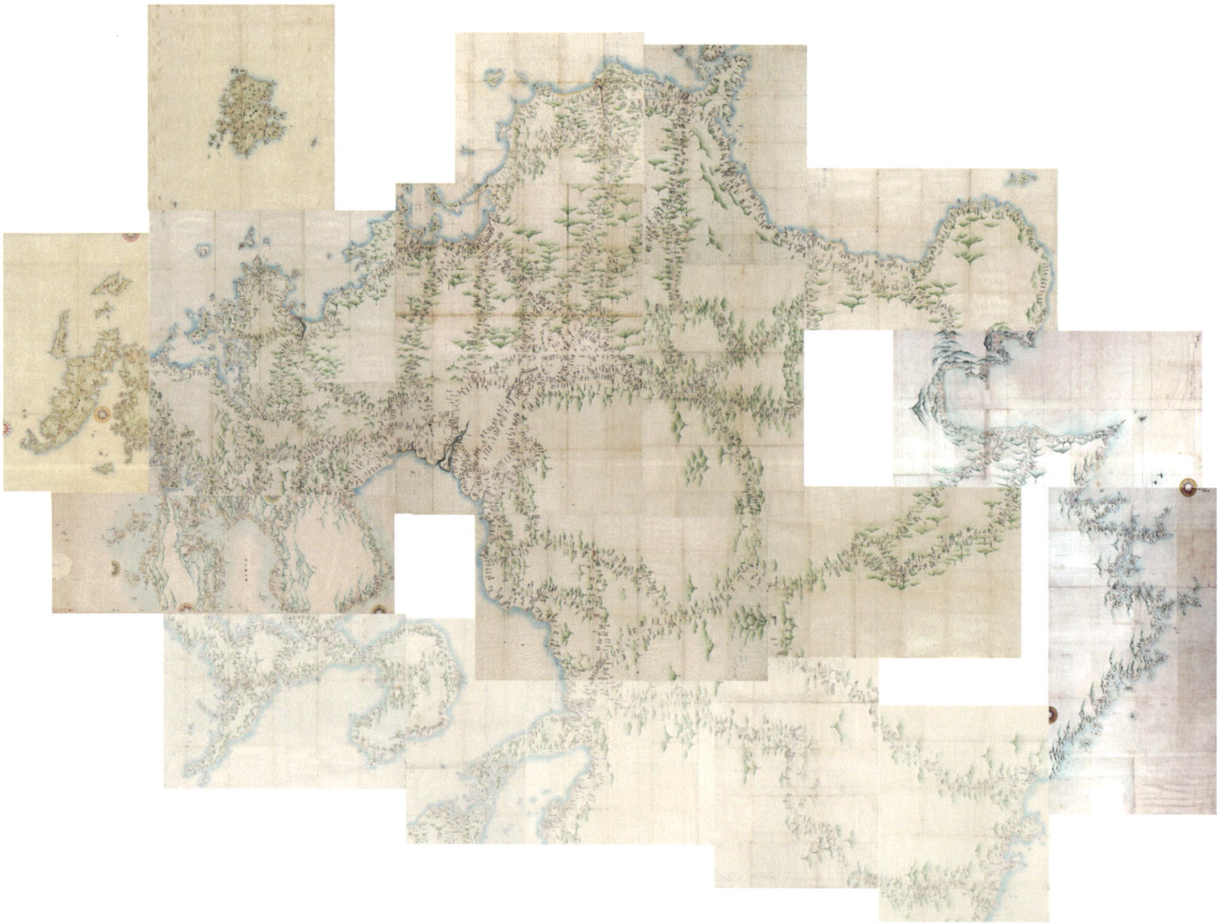

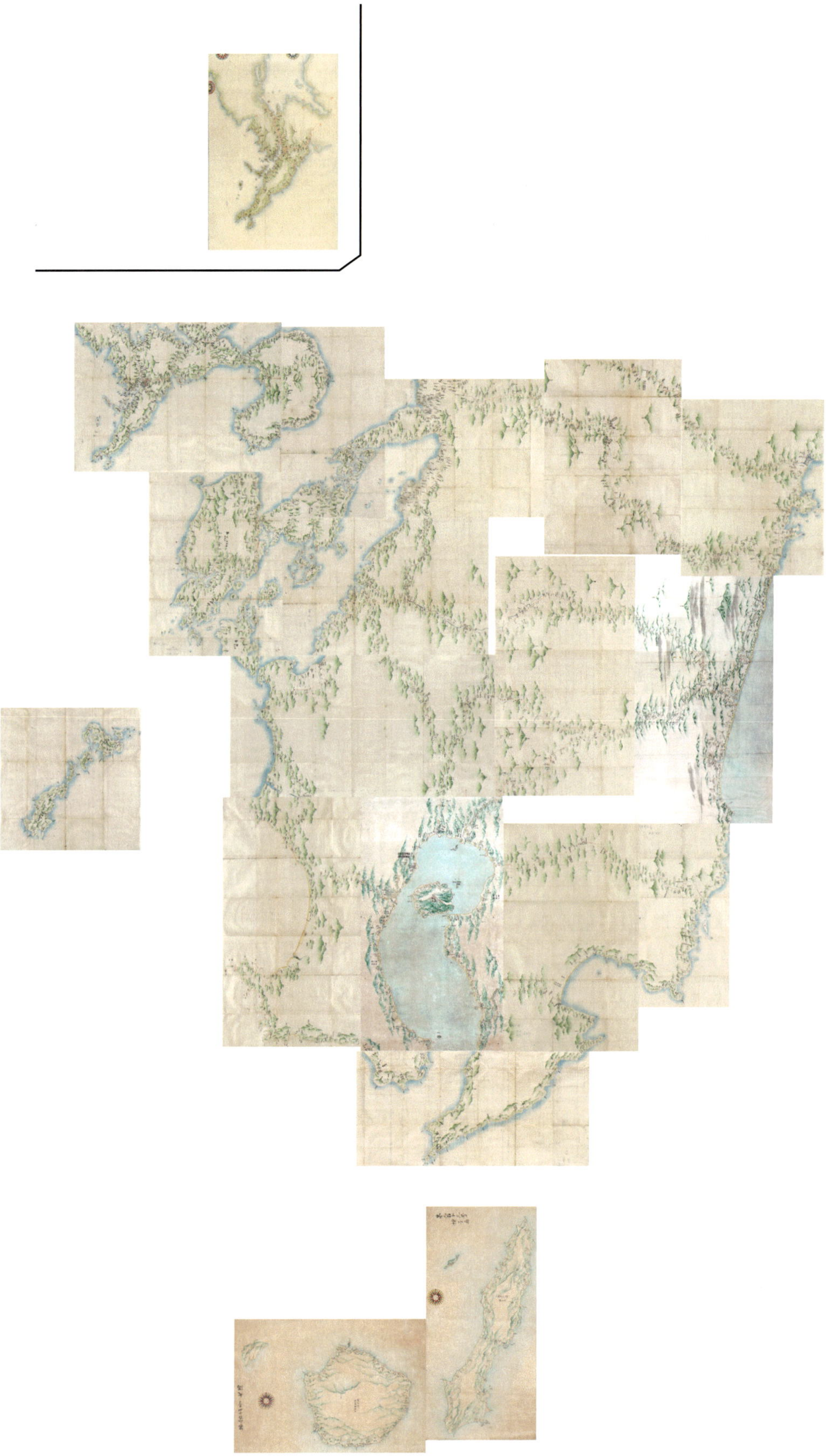

005　九州 大図全図

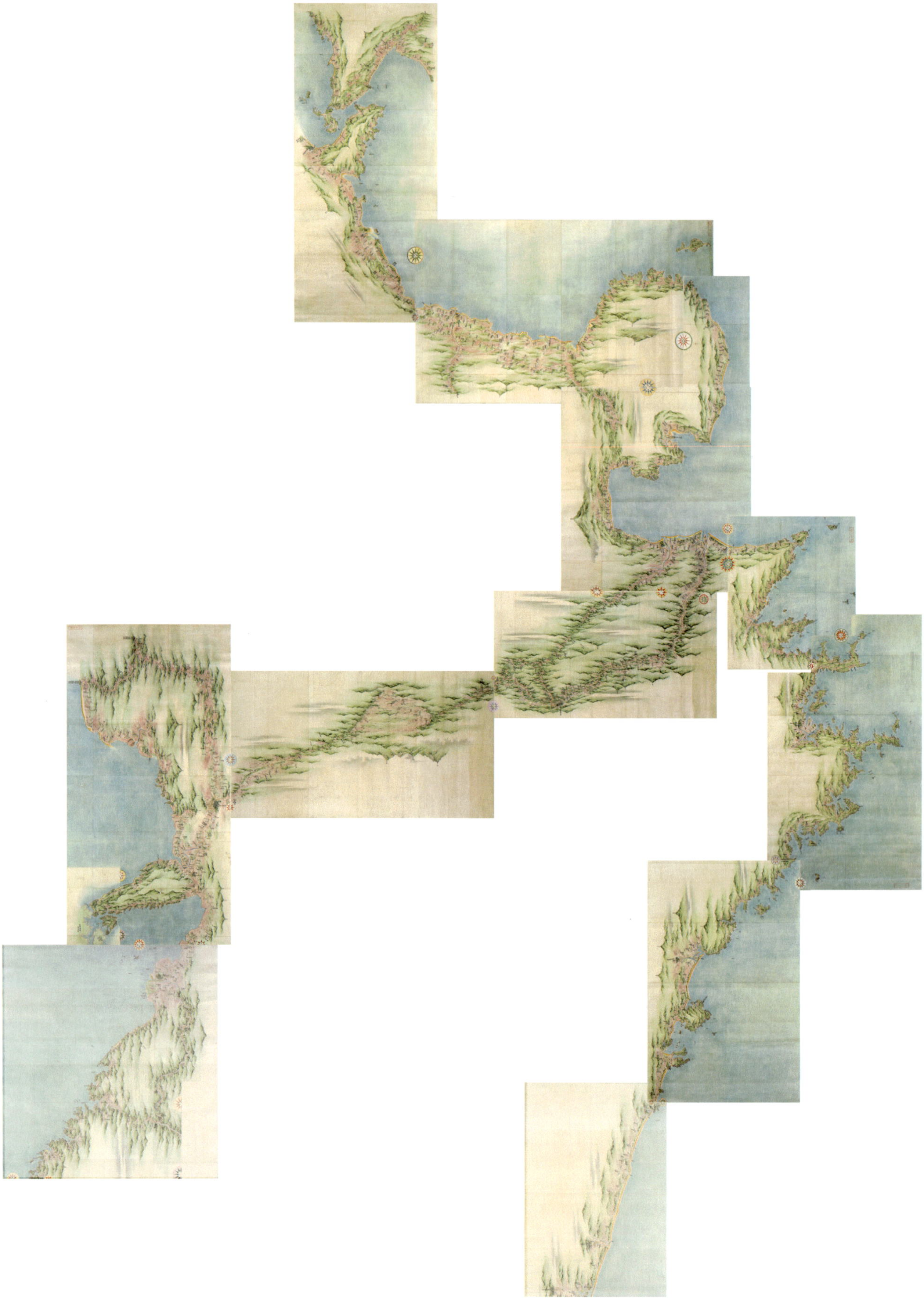

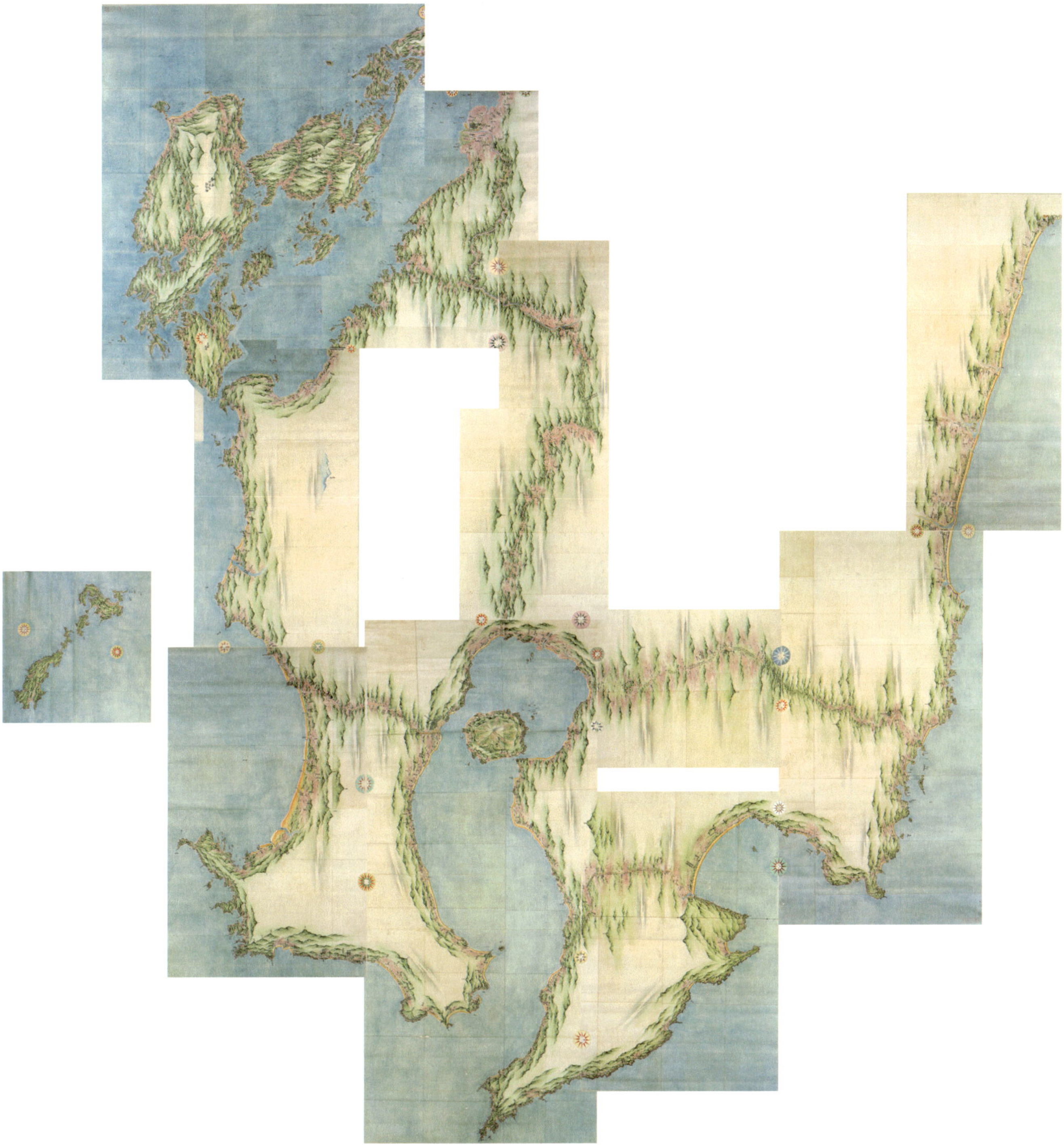

007　九州沿海図 大図全図

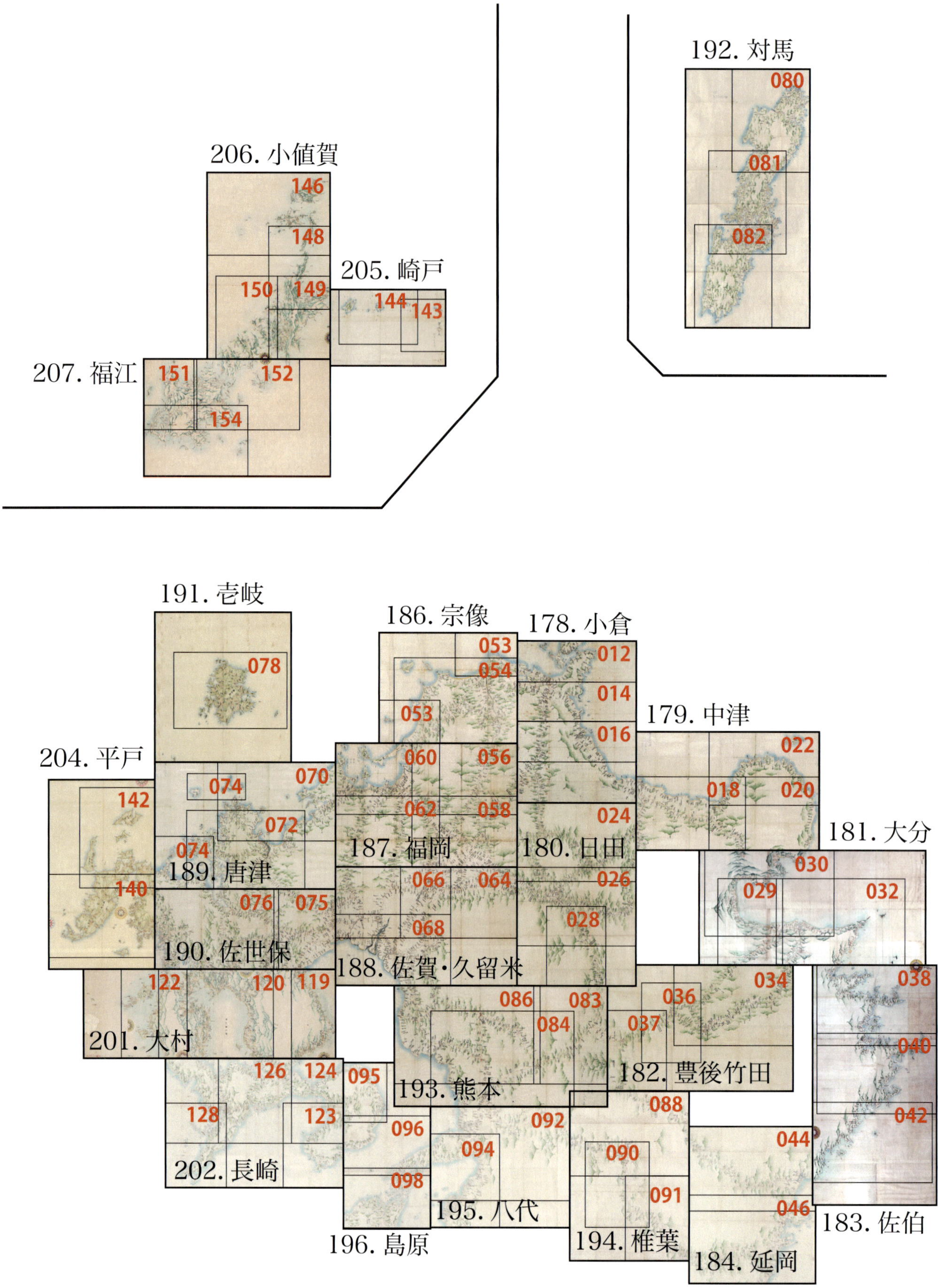

赤色の数字はページ数を表わす。

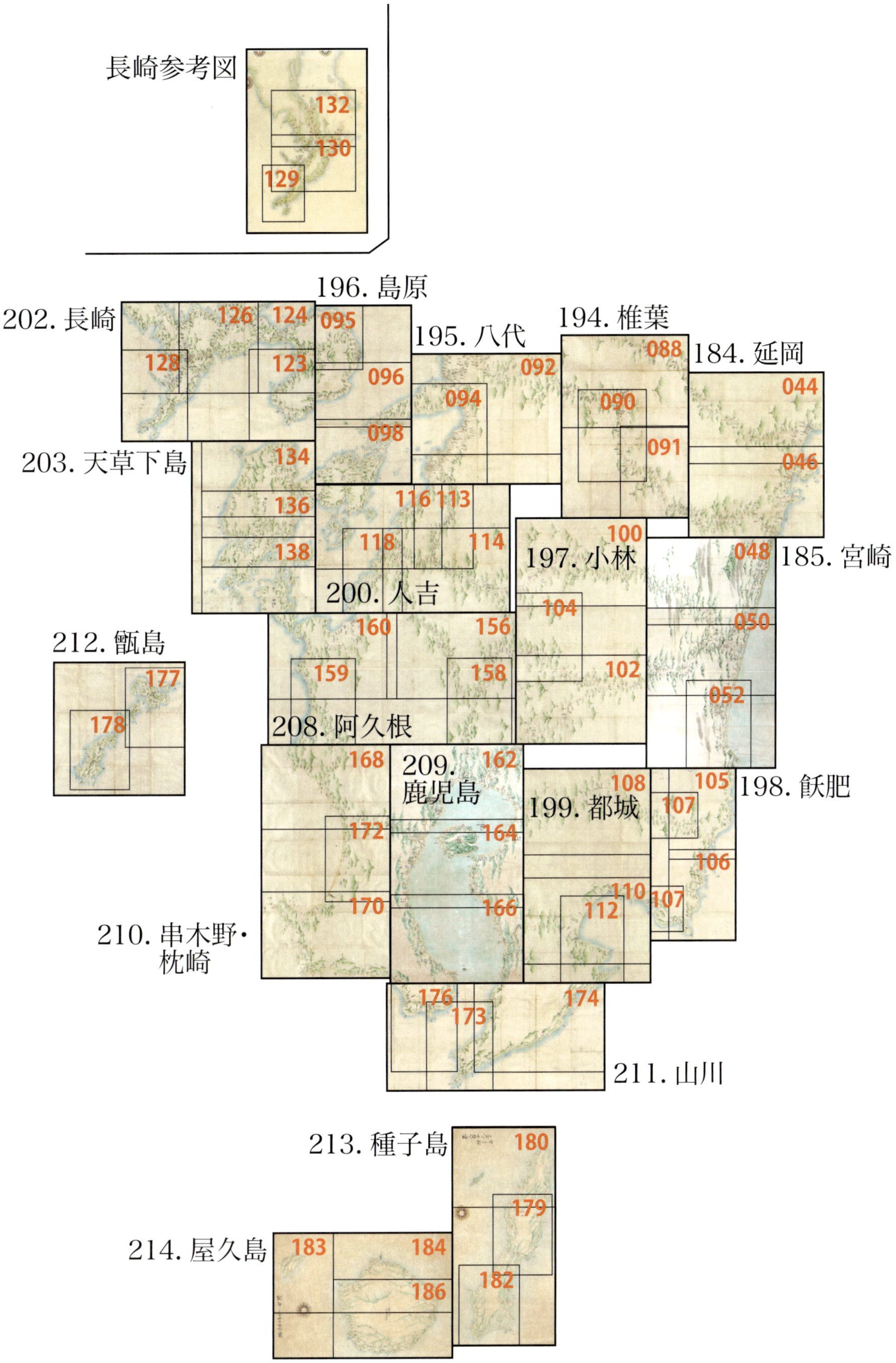
長崎参考図
132
130
129
196. 島原
202. 長崎
126
124
095
128
123
096
195. 八代
092
094
098
194. 椎葉
088
090
091
184. 延岡
044
046
203. 天草下島
134
136
138
116
113
118
114
100
197. 小林
048
185. 宮崎
200. 人吉
212. 甑島
160
156
104
050
177
159
158
102
178
052
208. 阿久根
168
209.
鹿児島
162
108
105
198. 飫肥
199. 都城
107
172
164
106
170
166
110
112
107
210. 串木野・
枕崎
176
173
174
211. 山川
213. 種子島
180
179
214. 屋久島
183
184
186
182

九州 大図索引図

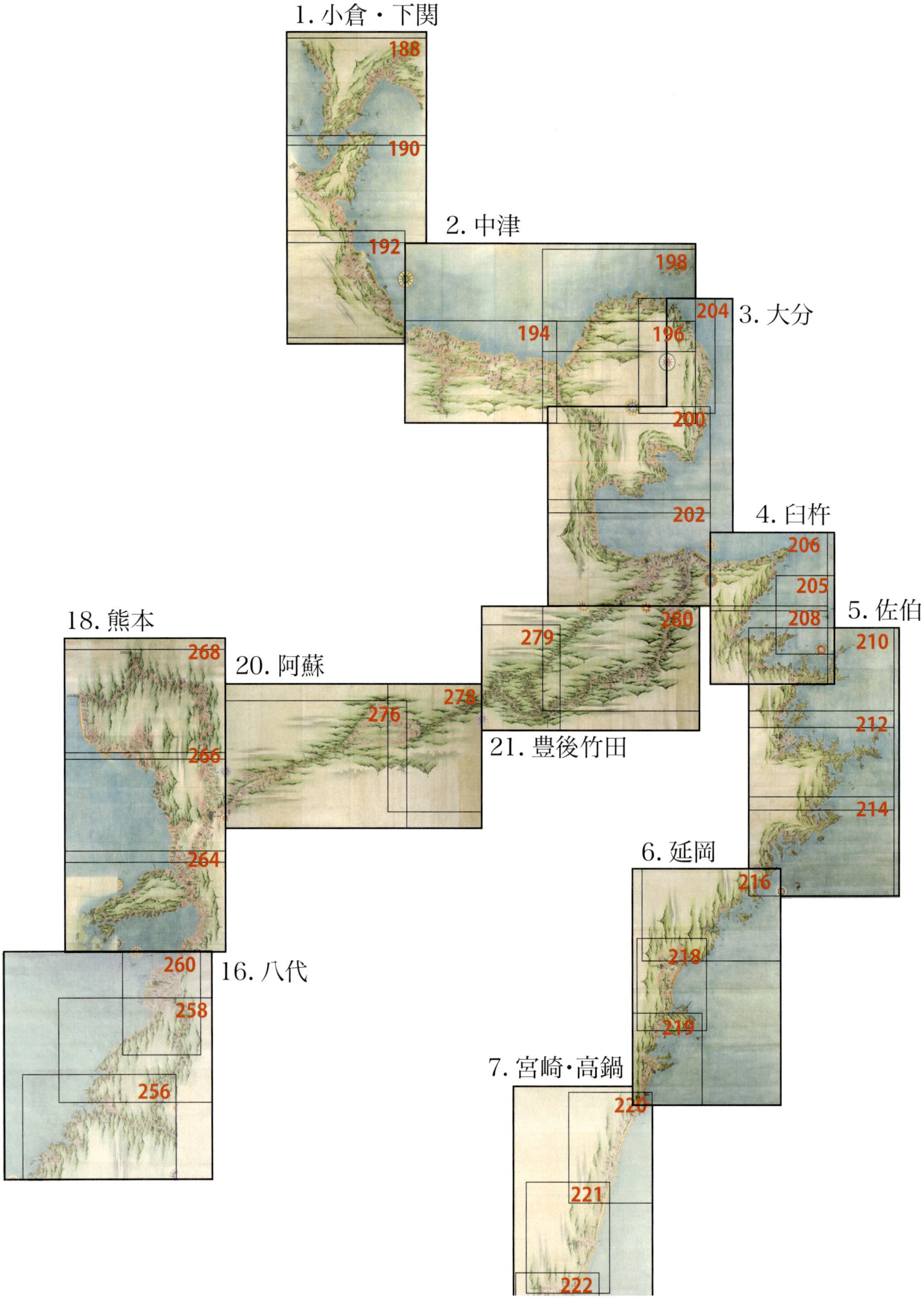

1. 小倉・下関
188
190
192
2. 中津
198
194
196
204
3. 大分
200
202
4. 臼杵
206
205
208
5. 佐伯
210
212
214
18. 熊本
268
20. 阿蘇
279
280
278
276
21. 豊後竹田
266
264
6. 延岡
216
260
16. 八代
258
218
219
256
7. 宮崎・高鍋
220
221
222

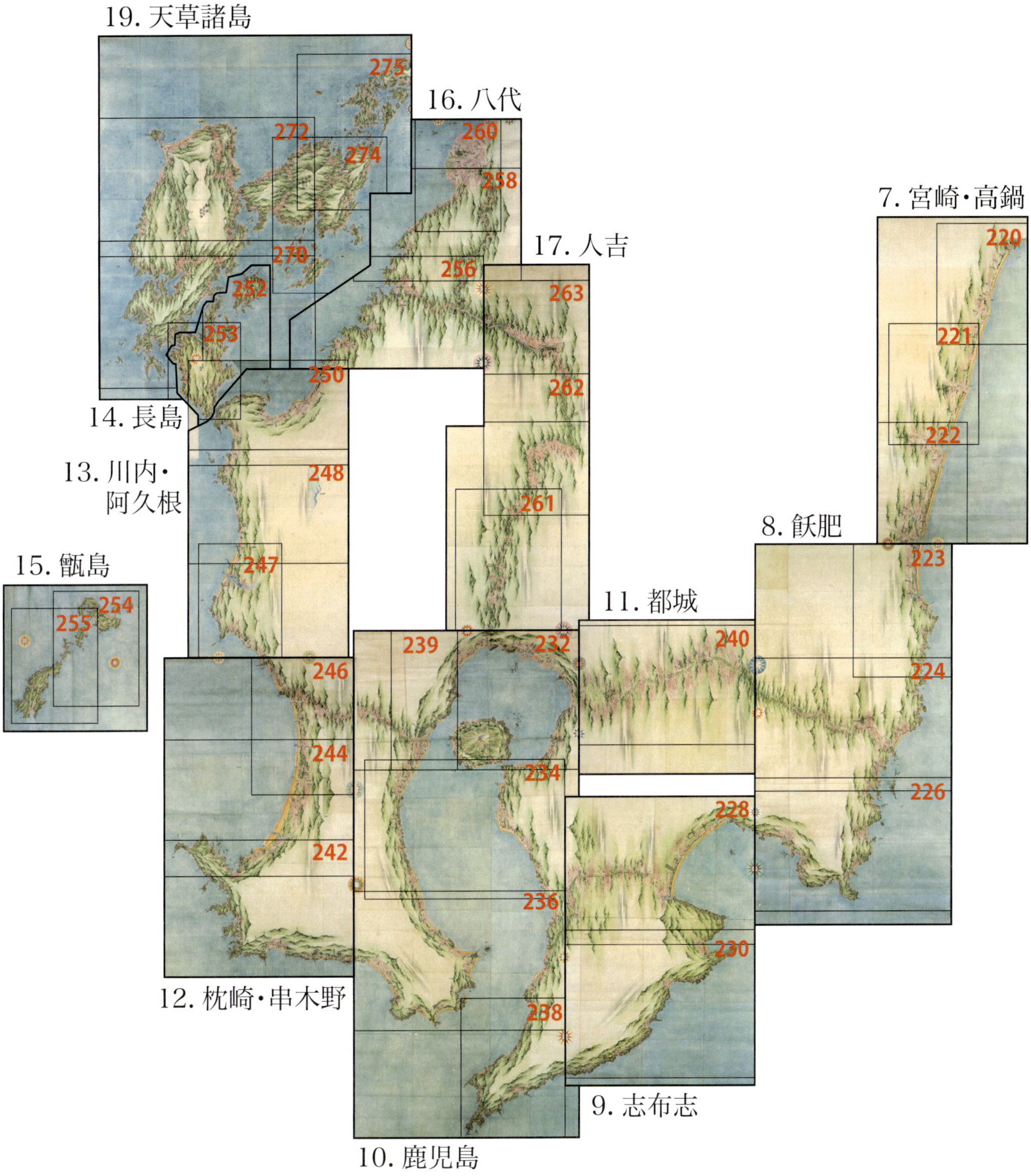
19. 天草諸島
275
272
274
270
252
253
16. 八代
260
258
256
250
17. 人吉
263
262
261
7. 宮崎・高鍋
220
221
222
14. 長島
13. 川内・阿久根
248
247
15. 甑島
254
255
8. 飫肥
223
224
226
11. 都城
240
239
232
246
244
242
234
236
238
228
230
12. 枕崎・串木野
9. 志布志
10. 鹿児島

九州沿海図 大図索引図

3巻 298
053
012
054
014

第 178 号　**小倉**（1）

012
054 014 018
056 016

第178号　小倉（2）

054 014
056 016 018
024

第178号　小倉（3）

 第179号　中津（1）

022
018 020
030

第179号　中津（2）

姫島
大海
稲積
田中村
櫛来村
古江村
下岐部村
竹田津村
小熊毛
大熊毛村
向田村
浜浦村
深江村
来浦村
堅来村
北江村
田深村
今在家村
興導寺村

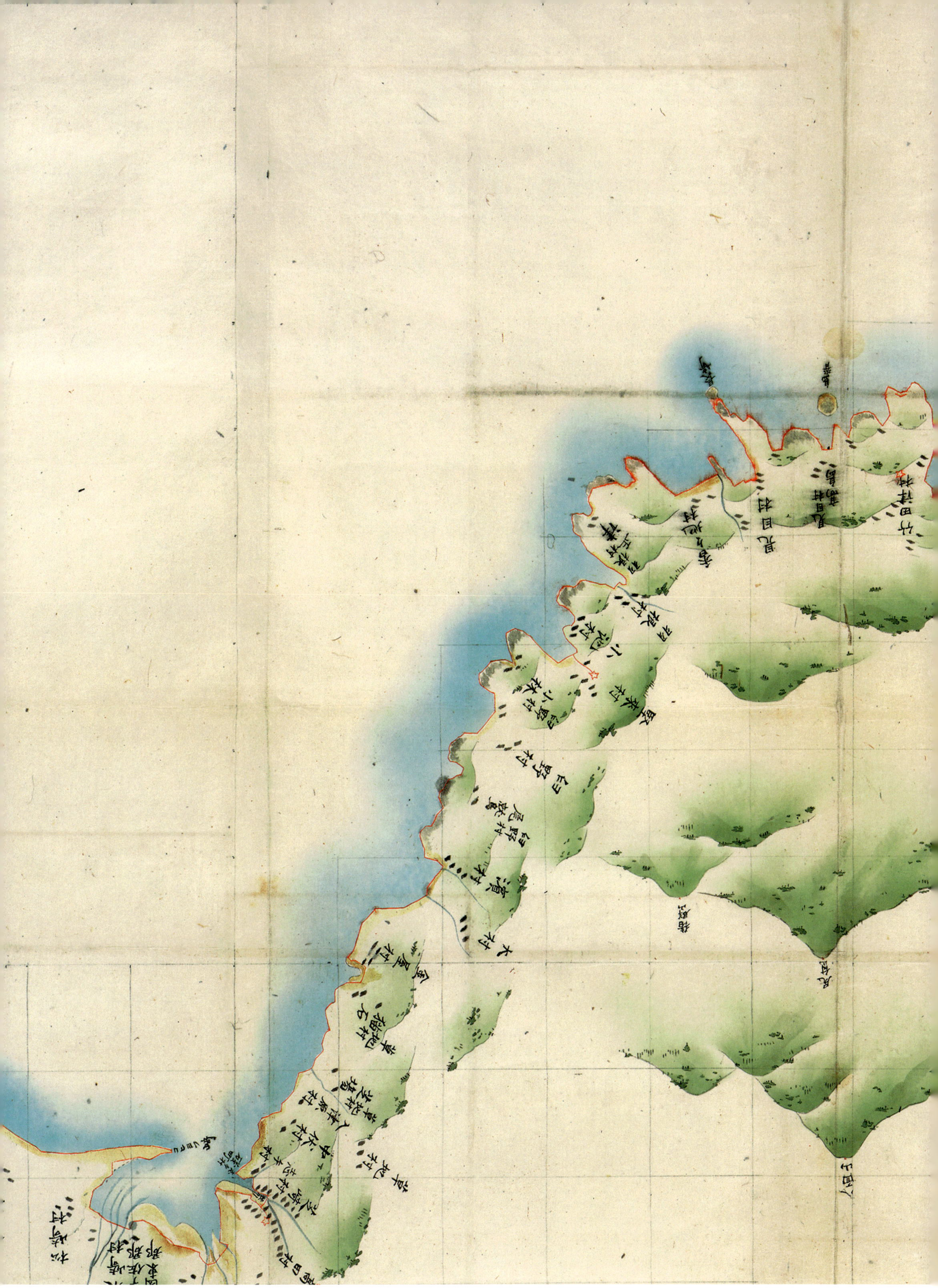

第179号　中津（3）

第180号　日田（1）

豊前國下毛郡
豊後國玖珠郡

第180号　日田（2）

萩原村
下城村
若宮村
市原村
坂下村
新城村
栗林村

029 第181号 大分（1）

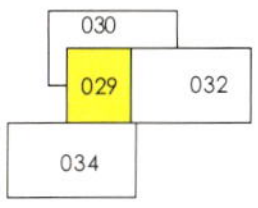

南
守江村
大内山村
灘手村
野邊村

第181号　大分（2）

田浦村

第181号　大分（3）

利光村
大塔村
岩上村
伊與床村
大野村
下津尾村
川原村

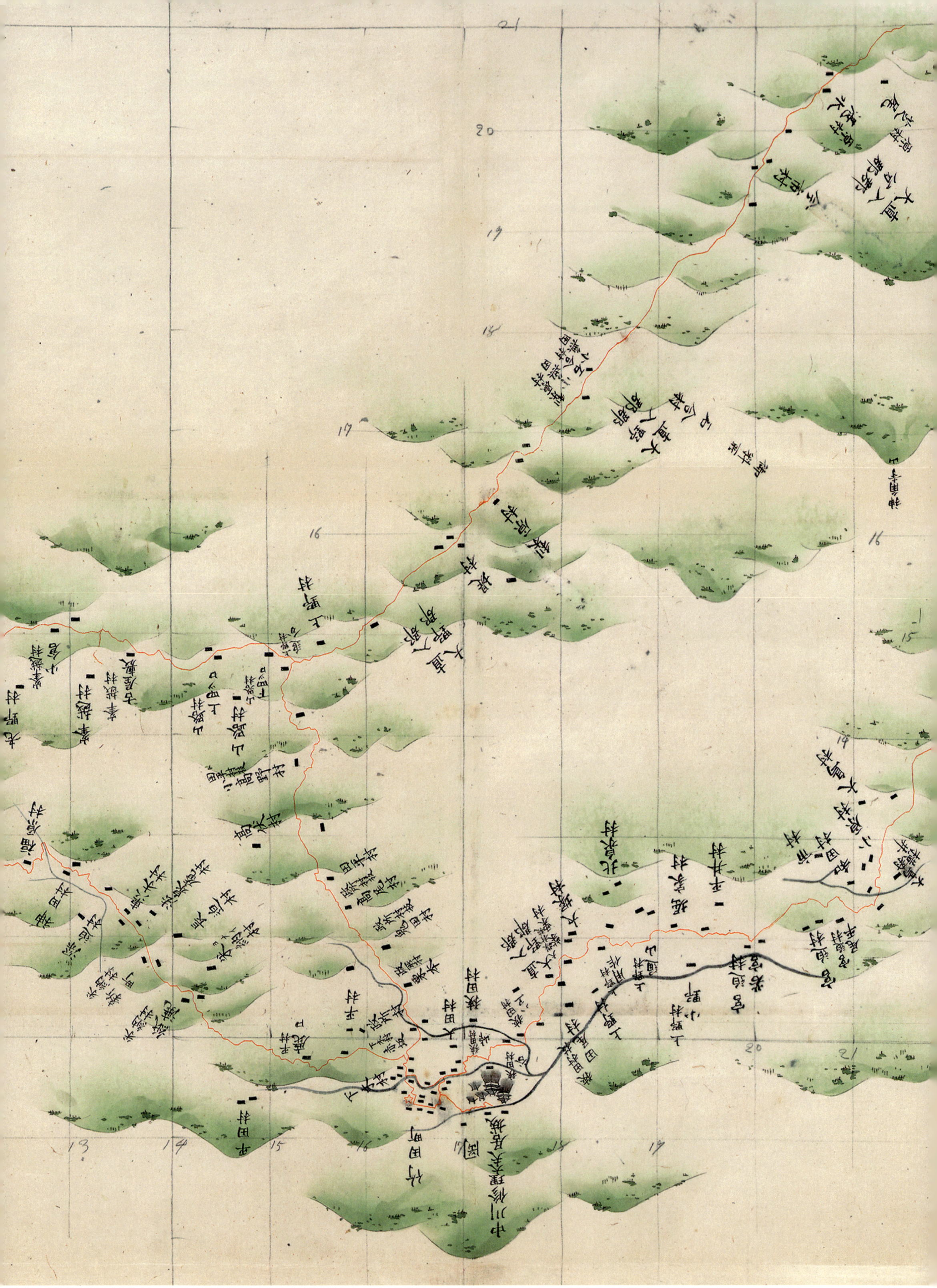

035　第182号　**豊後竹田**（1）

肥後國阿蘇郡
豊後國直入郡
大利村
産山村
小地野村枝
篠倉
添ケ津留村
三本松
白丹村
宮原
白丹村
白丹村
茶屋
古園村
久住村
一里山
熊地村
福原村
神田村
久住村
老野村
峯越村
峯越村
小倉
峯越村
古屋敷
山路村
上四ツ口
山路村
下四ツ口
平田村
高伏村
長迫村

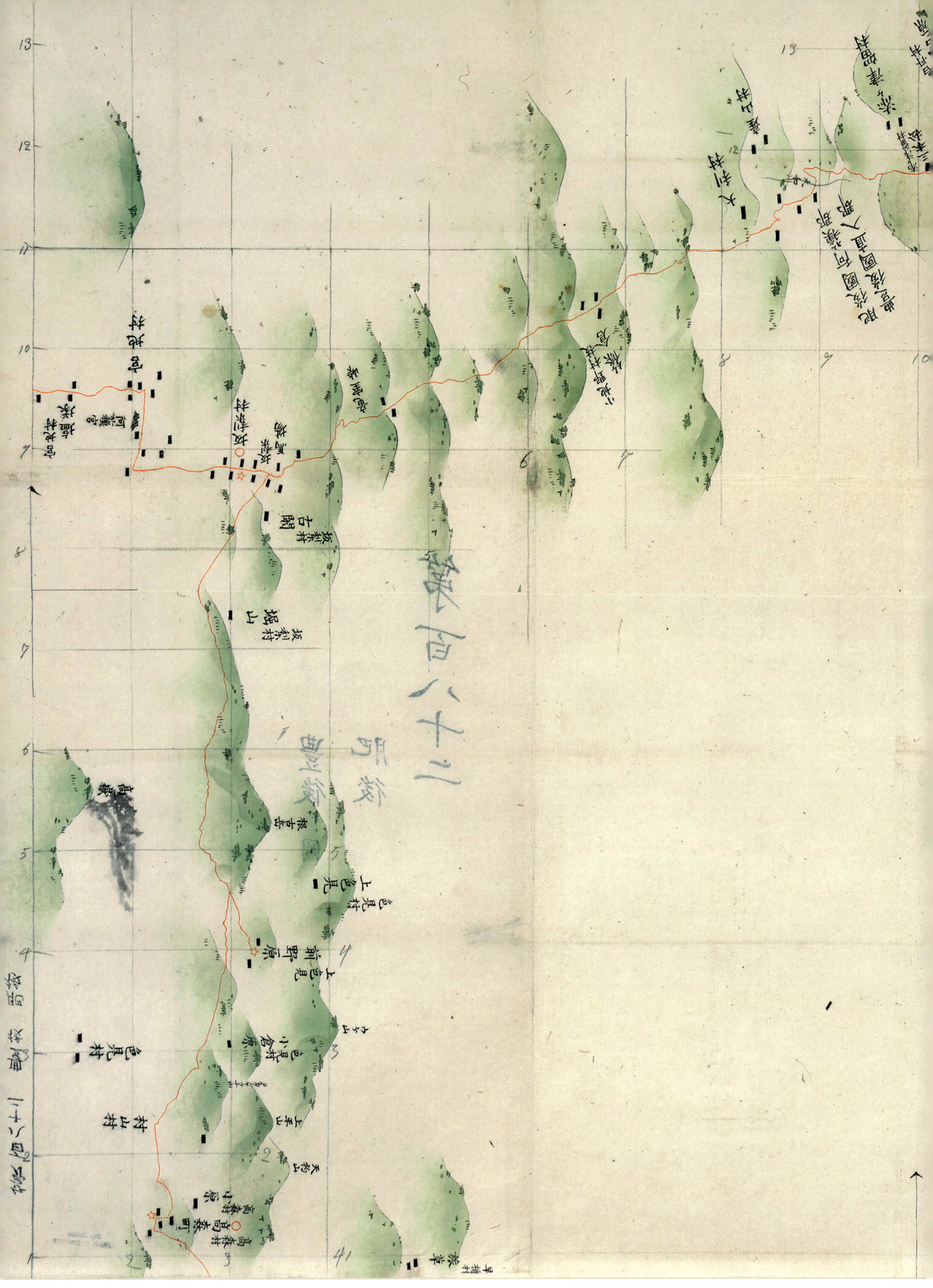

036 083 037 088

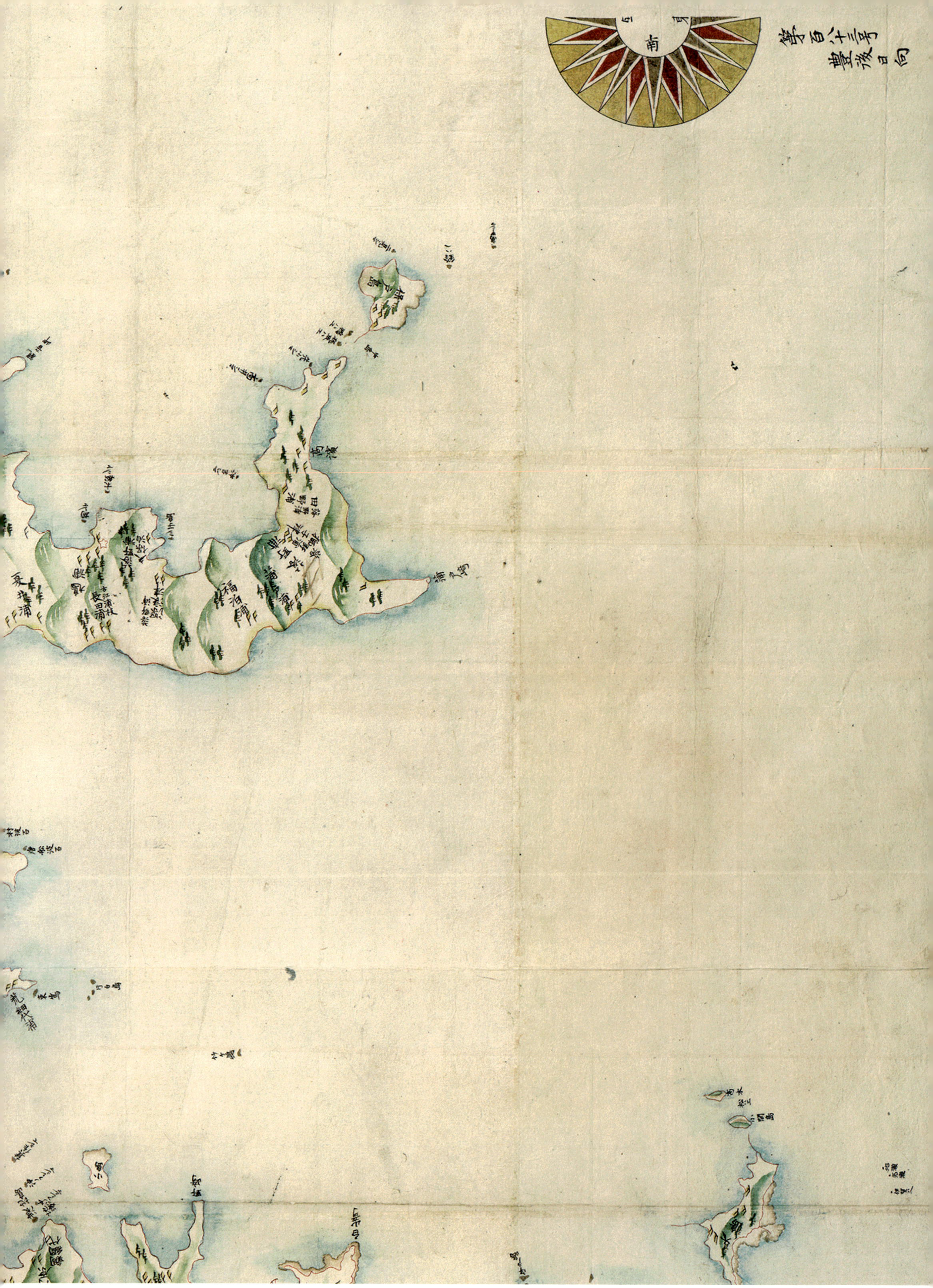
第百八十三号
豊後日向

第183号　佐伯（1）

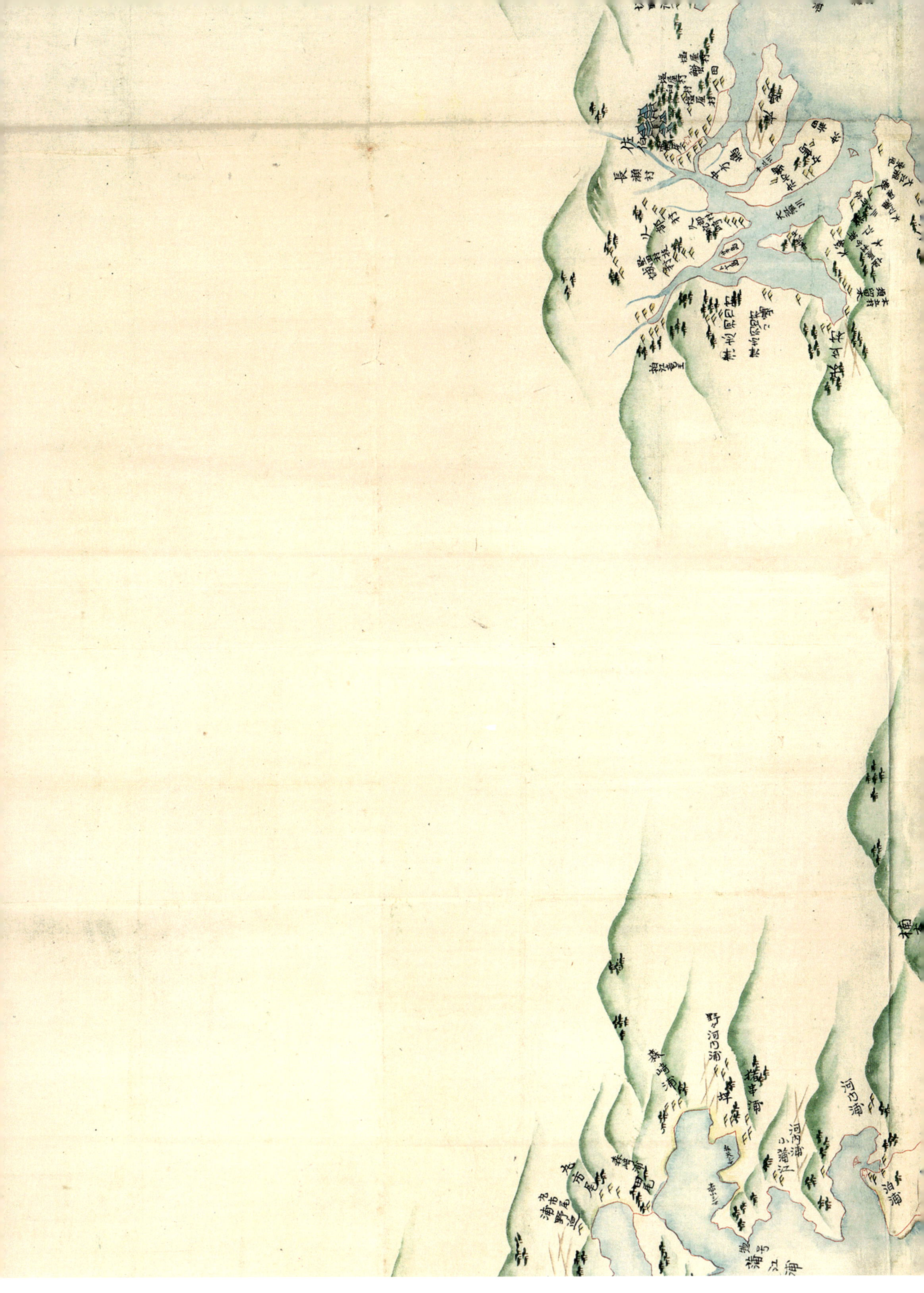

泊浦
観音
三ツ子
海部郡

　第183号　佐伯（3）

088 044 042
091 046

第184号　延岡（1）

044
091 046
048

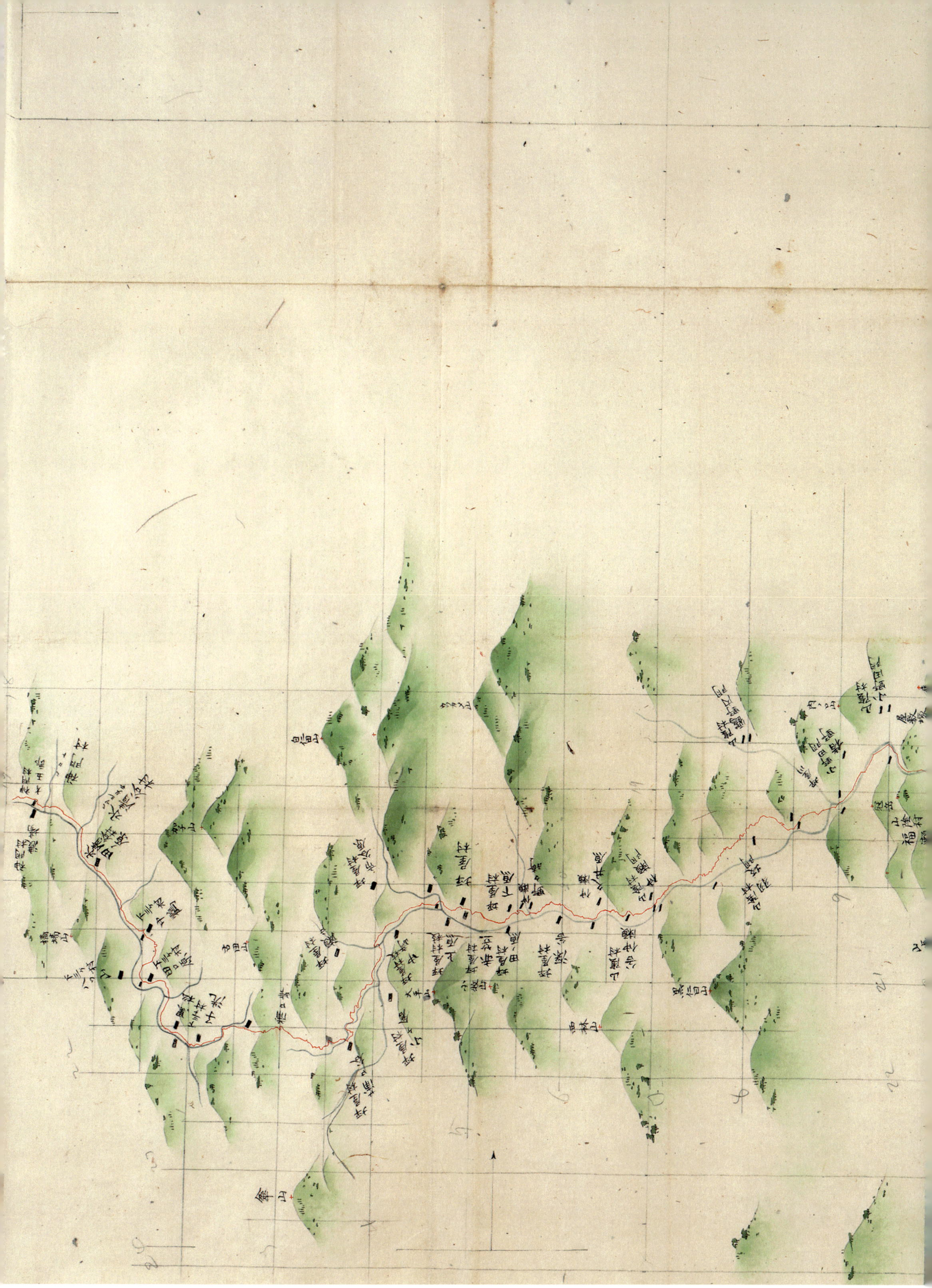

第184号　延岡（2）

046
100
048
050

第185号　宮崎（1）

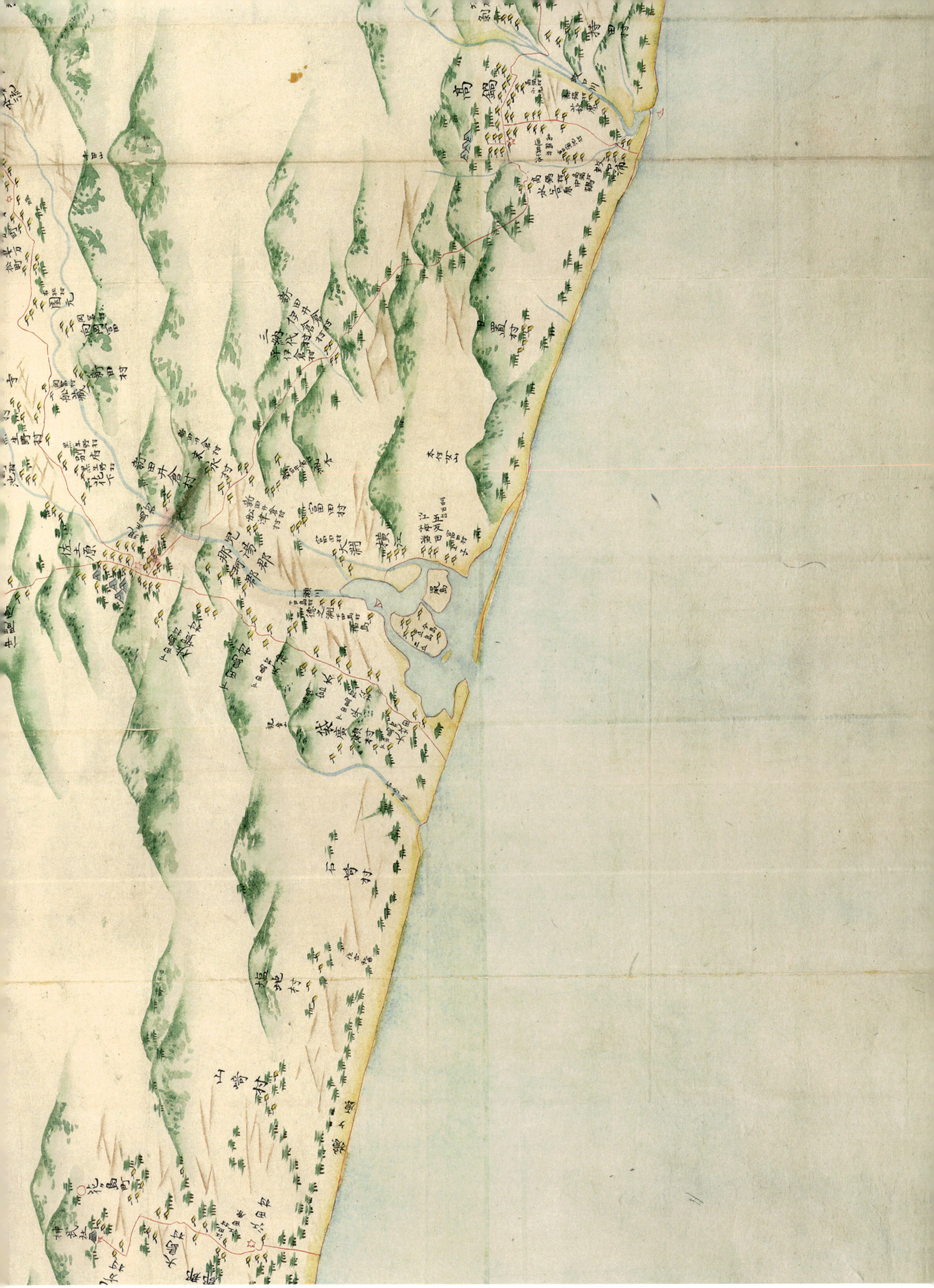

048
102 050
052

第185号　宮崎（2）

第186号　宗像（1）

遠賀川
芦屋村
芦屋町
山鹿村
若松村
黒山村
吉木村
松原村
島津村
浅川村
本城村
吉田村
廣渡村
木守村
中山村
植木村
感田村
直方町
新入村
赤地村
南良津村
鶴田村
頓野村
野夫村
中間村
上津役村
下上津役村
小嶺村
鳴水村
藤原村
赤間村
宗像郡
鞍手郡
遠賀郡

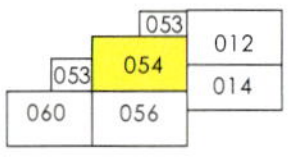
053
053
054
012
014
060
056

第186号　宗像（2）

勝野村
新田村
中村
川津村
川島村
立岩村
飯塚村
堀池村
秋松村
忠隈村
土師村
阿恵村

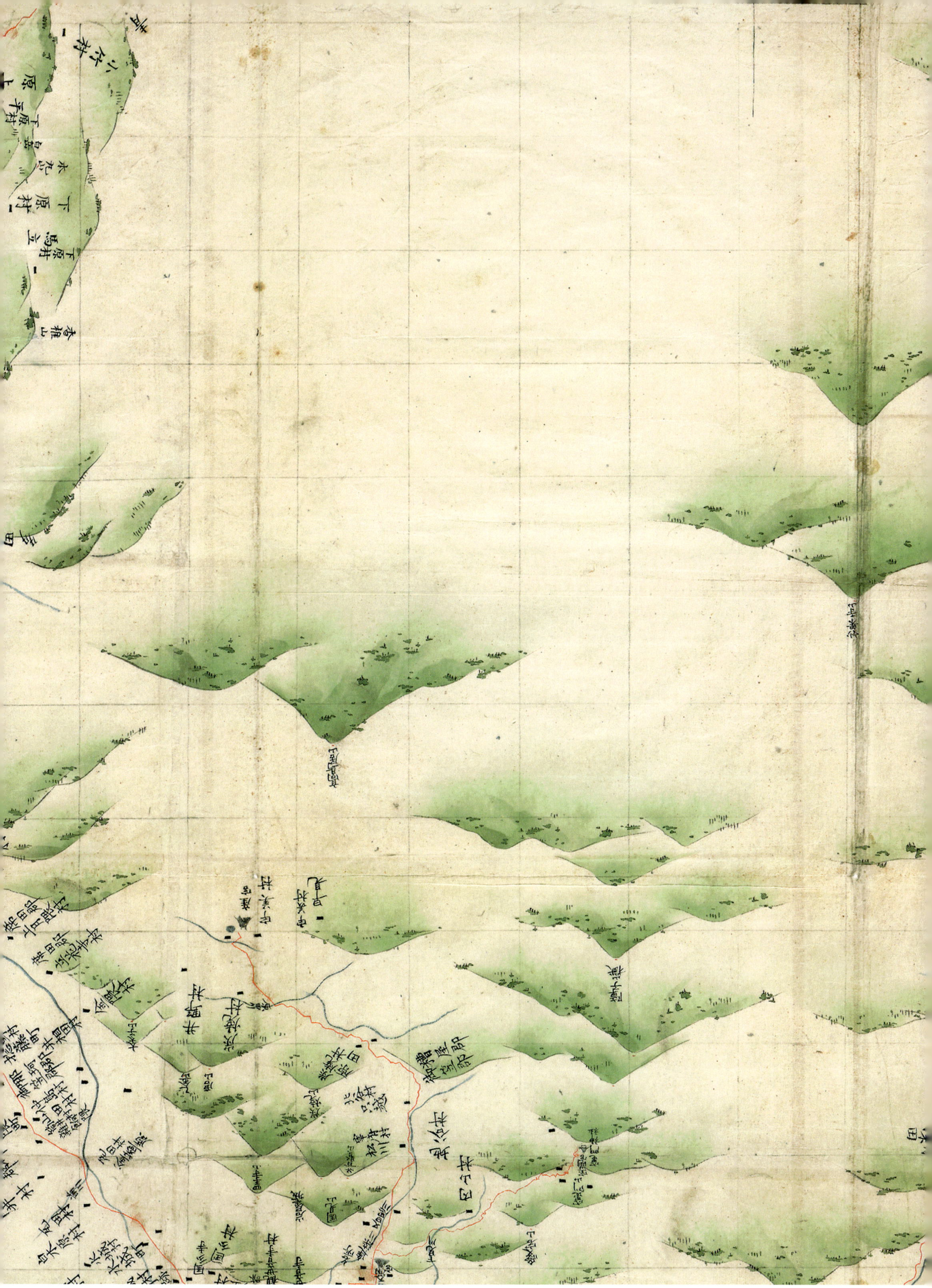

第187号　福岡（1）

060	056	016
062	058	024
066	064	

　第187号　福岡（2）

香椎村
濱男村
名島村
松崎村
下原村
上和白村
唐原村
和田村

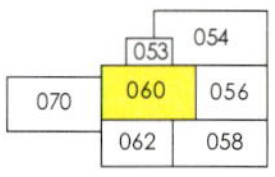
053
054
070
060
056
062
058

第187号　福岡（3）

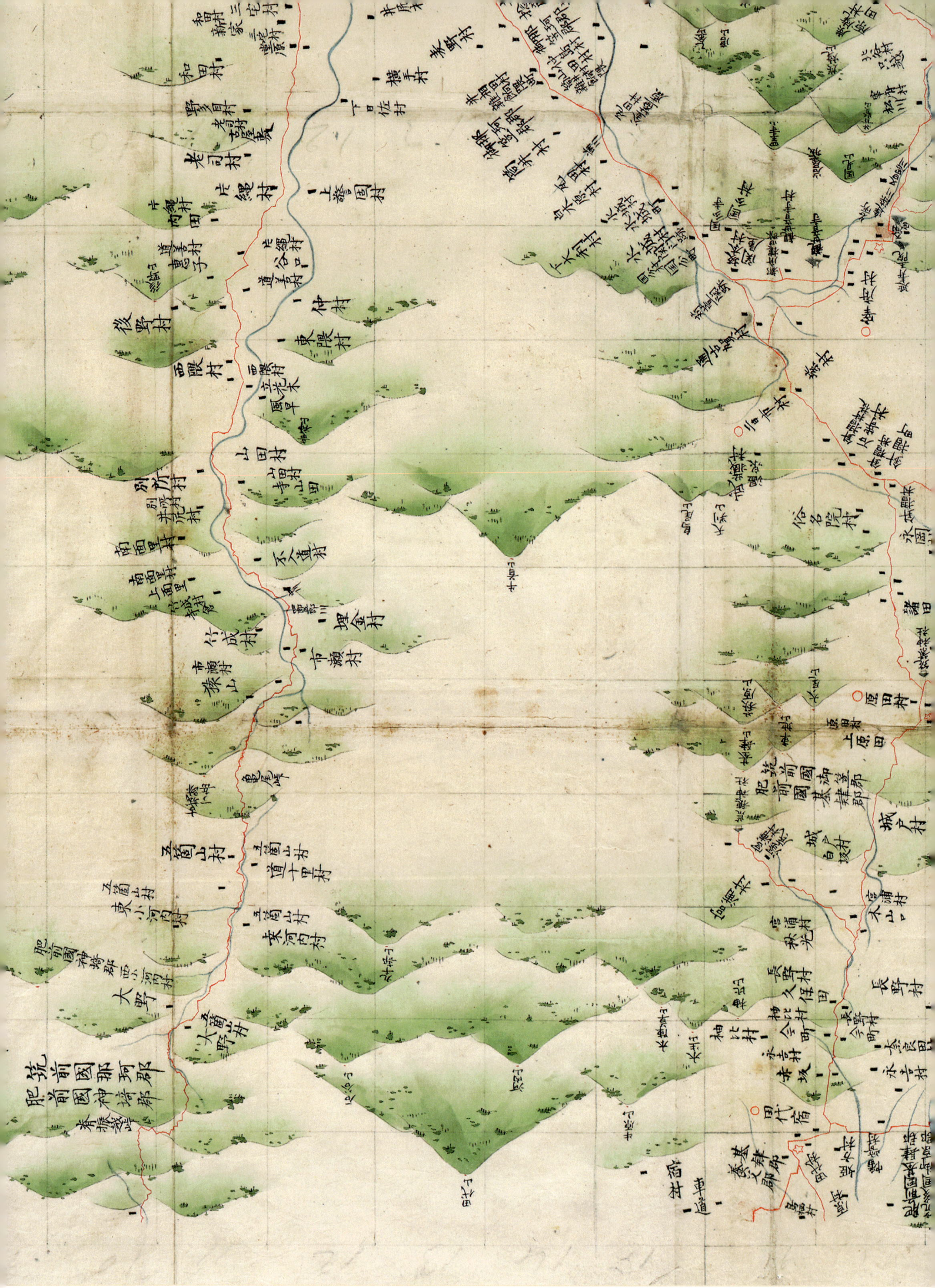

070 060 062 058 066

 第187号　福岡（4）

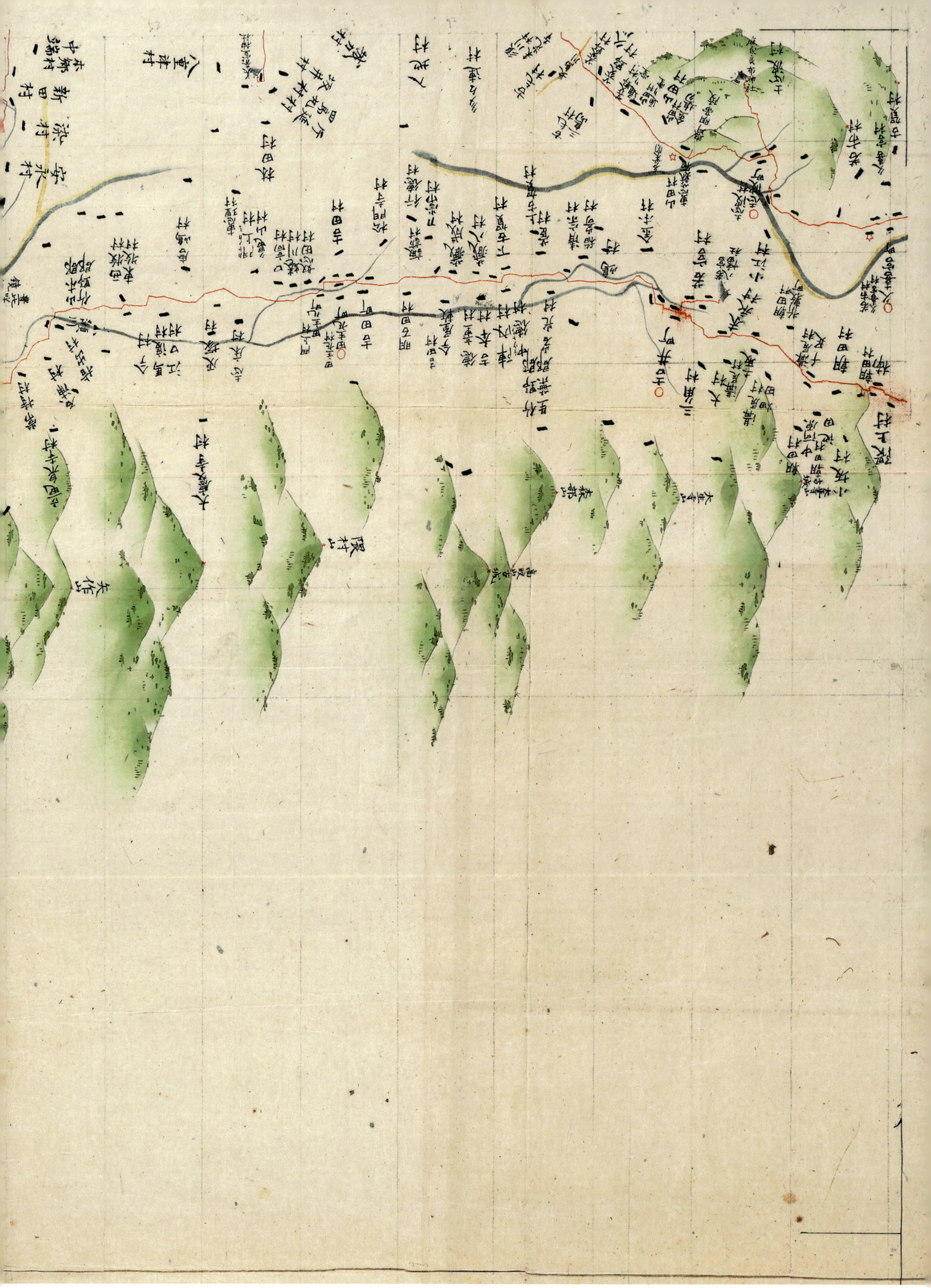

 第188号 **佐賀・久留米**（1）

綾部山
三養父郡
姫方村
寒水村
堤村
中津隈村
下津毛村
坊所村
中津江村
千栗村
白壁村
東尾村
西尾村
石貝村
村田村
辛津村
瓜生野村
轟木町
酒井村
三御井郡
有馬玄蕃頭居城
久留米
京隈村
大石村
櫛原村
市上村
枝光村
宮地村
肥前国
筑後国
三根郡
国分村
福嶋町
蒲原村
羽犬塚町
鵜池村

　第188号　佐賀・久留米（2）

蒲原郡
福島町
福島村
高家村
稲田村
竜野村
酒井田村
柳橋村
鵜ノ池村
鶴田村
前津村
藤尾村
朝暮村
大塚村
左右村
立山村
中原村
長島村
五拾嵐村
上塩塚村
下塩塚村
野田村
塩之原村
三ケ村
北新田村
南新田村
今福村
古賀村
岩津村
作井村
三ケ村
清水山
吉城山
大野村

佐嘉郡
窪田村
金丸村
徳萬村
本町村
八戸村
下嘉瀬村
島村
高保村
高木村
江上村
松平肥前守居城
鍋島甲斐守在所
恒安村
小城郡
佐嘉郡
東下古賀村
中原村
下飯盛村
田中村
下古賀村
大野村
佐吉村
和崎村
大井堂村
早津江村
筑後国三潴郡
肥前国佐嘉郡
宮永村
第百八十八

筑前國怡土郡
肥前國松浦郡
御床村

第189号　唐津（1）

肥前國松浦郡
筑前國怡土郡

第189号　唐津（2）

第189号　唐津（3）

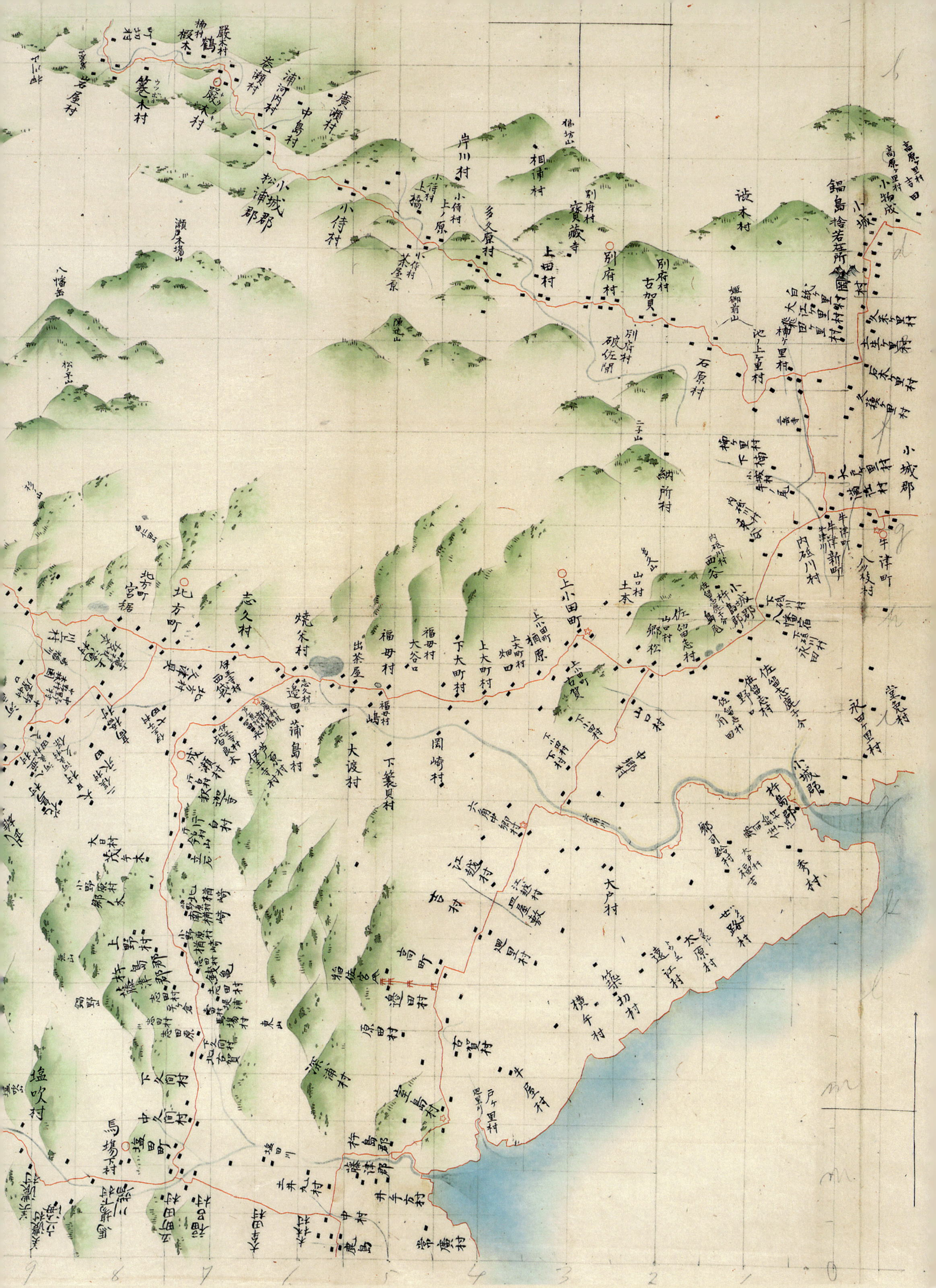

第190号　佐世保（1）

072
076 075 066
119

072
074
140 076 075
122 120

第190号　佐世保（2）

第191号　壱岐

對馬國
御嶽
佐須奈村
仁田村
琴村

第192号　対馬（2）

080
081
082

阿連村
小茂田村
椎根村
上槻村
久根田舎村
久根浜村
北瀬村
南瀬村
豆酘村
東内院村
西内院村
久和村
安神村

第193号　熊本（1）

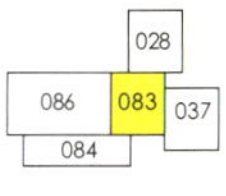

北宮村
深川村
出田村

築地村
桃田村
高瀬町
伊倉北方村
安楽寺村
稲佐村
木葉村
田原村
山本郡
玉名郡
植木村
吉野村
西山村
小天村
河内村
熊本

第193号　熊本（2）

068
086
083
084

築地村
桃田村
高瀬町
安楽寺村
木葉村
稲佐村
小代山
金山村
野原村
腹赤村
長洲村
宮内村
荒尾村
増永村
一部村
大島村
平山村
府本村
河内村

第193号　熊本（3）

037
092 088 044
090

第194号　椎葉（1）

本浦村
胡桃峠
胡麻山村
中塔村

芦屋田村
小曽原村
中島村
南田代村
北田代村
香佐村
西上野村
西上野村 天倉
南木倉村
北木倉村
東木倉
逢田見村
御船町村
牛ヶ瀬村
今城
小坂村
耳木村
上六ケ村

第195号　八代（1）

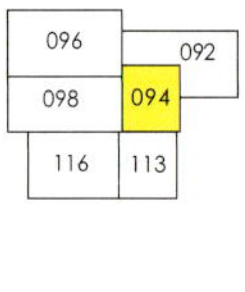

第195号　八代（2）

島原
三会村
大野村
中木場村
安徳村
深江村

124 095
123 096 094
098

 第196号 島原（2）

123 096 092 094 134 098 116

　第196号　島原（3）

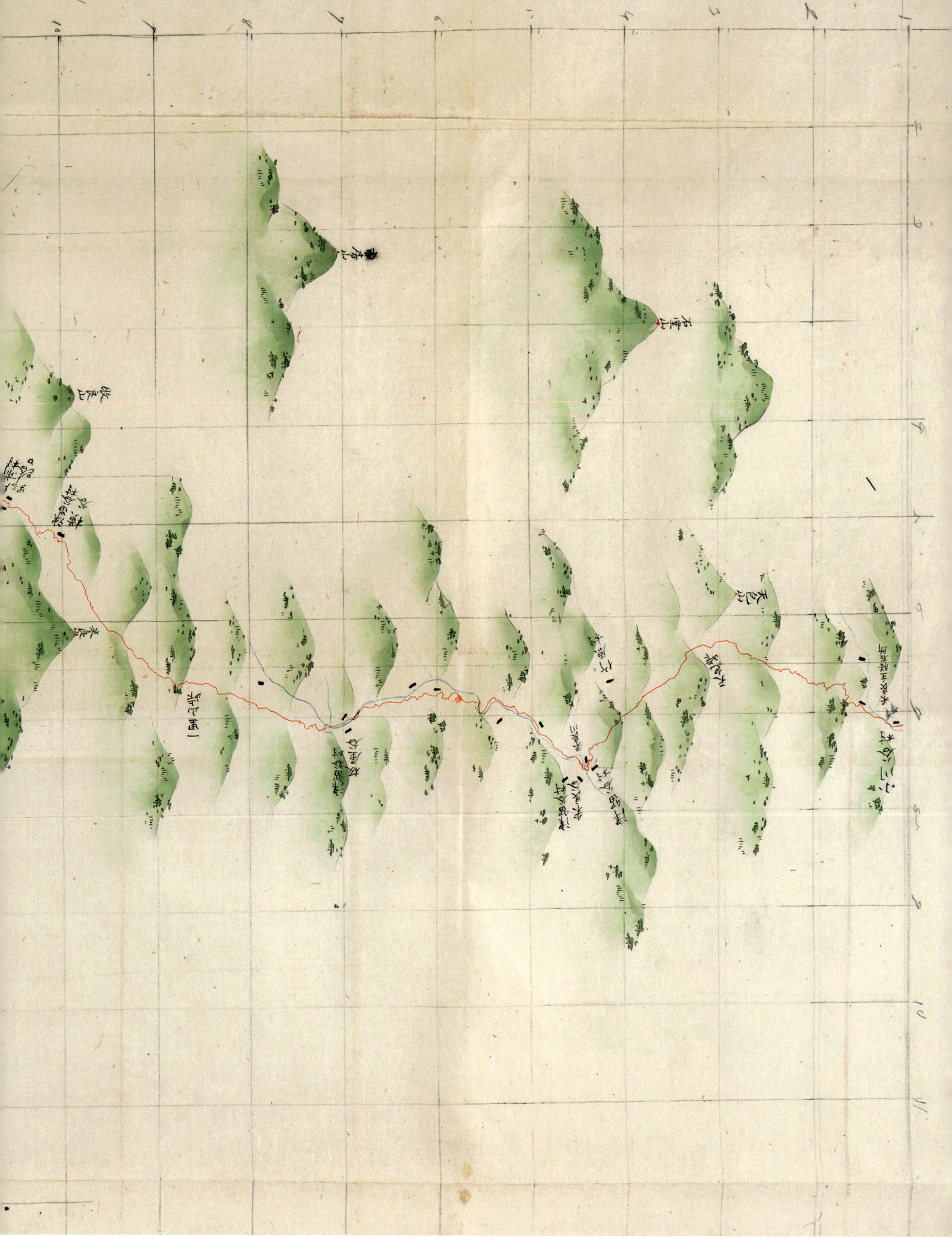

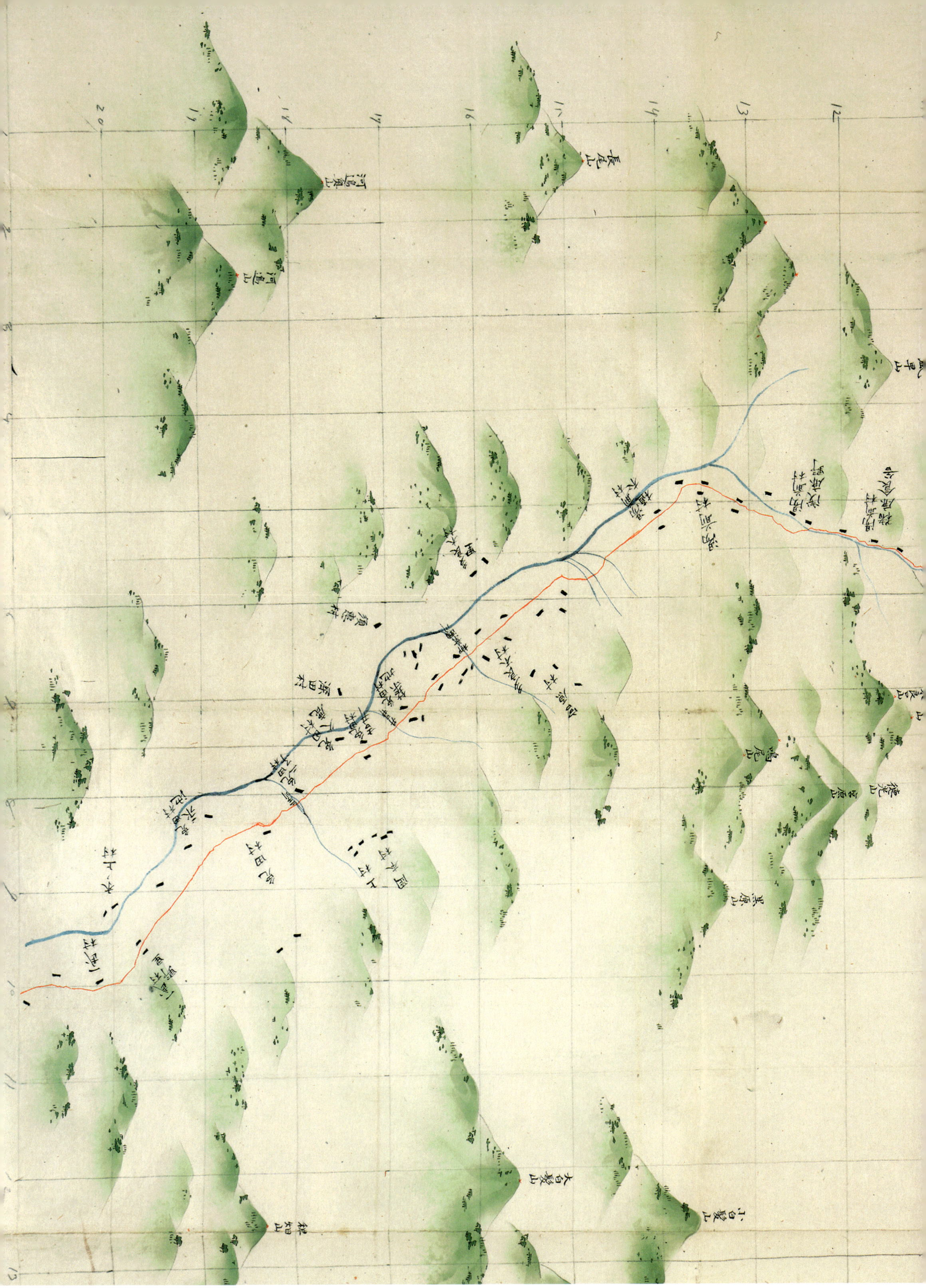
長尾山
宮原山
徳光山
大白髪山
小白髪山

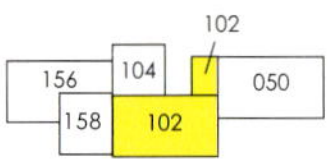
102
156
104
050
158
102

第197号　**小林**（2）

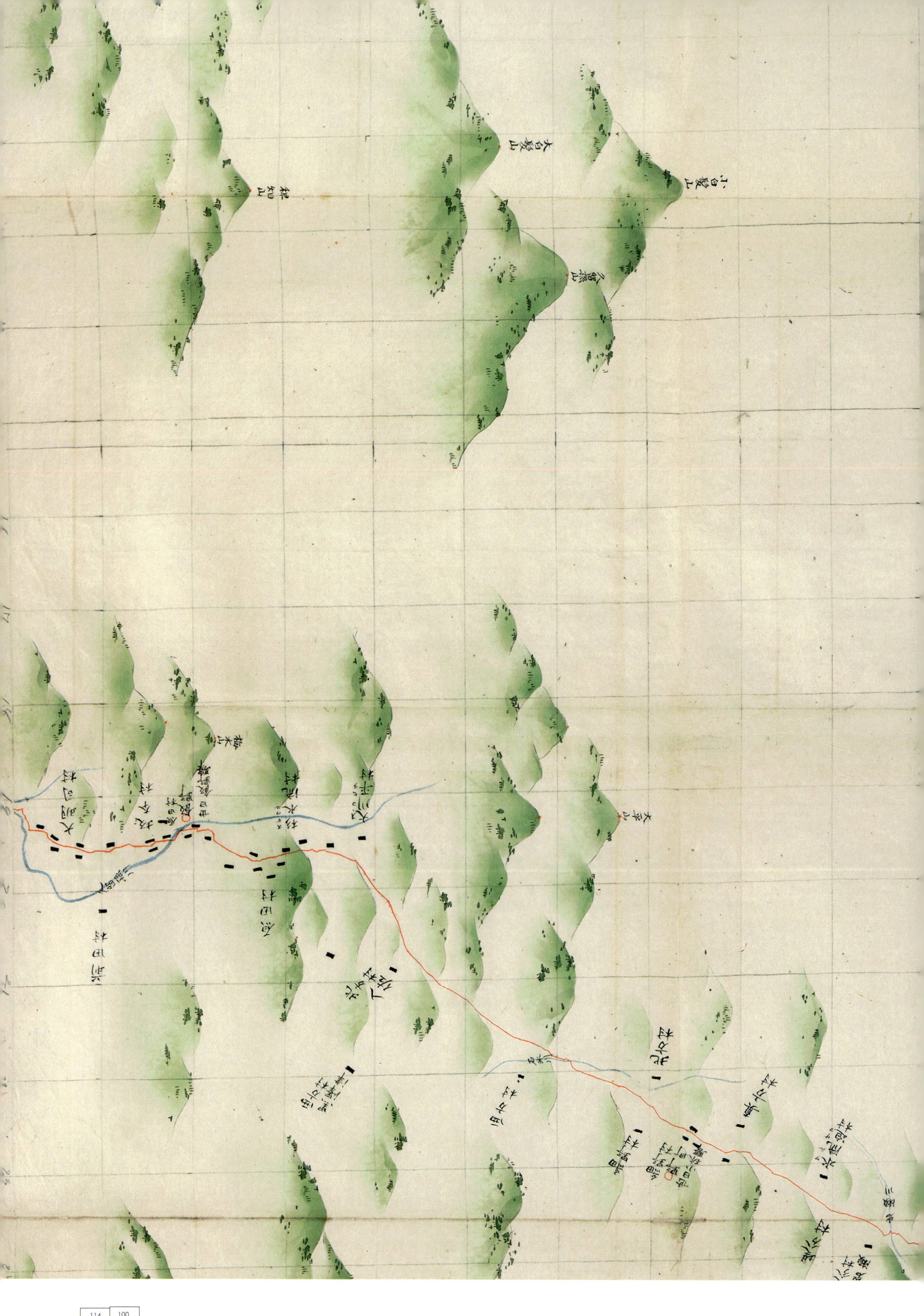
大白髪山
小白髪山

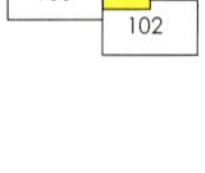
114
100
156
104
102

第198号　飫肥（1）

大嶋
中村
市木村
築嶋
幸嶋
都井村
都井岬

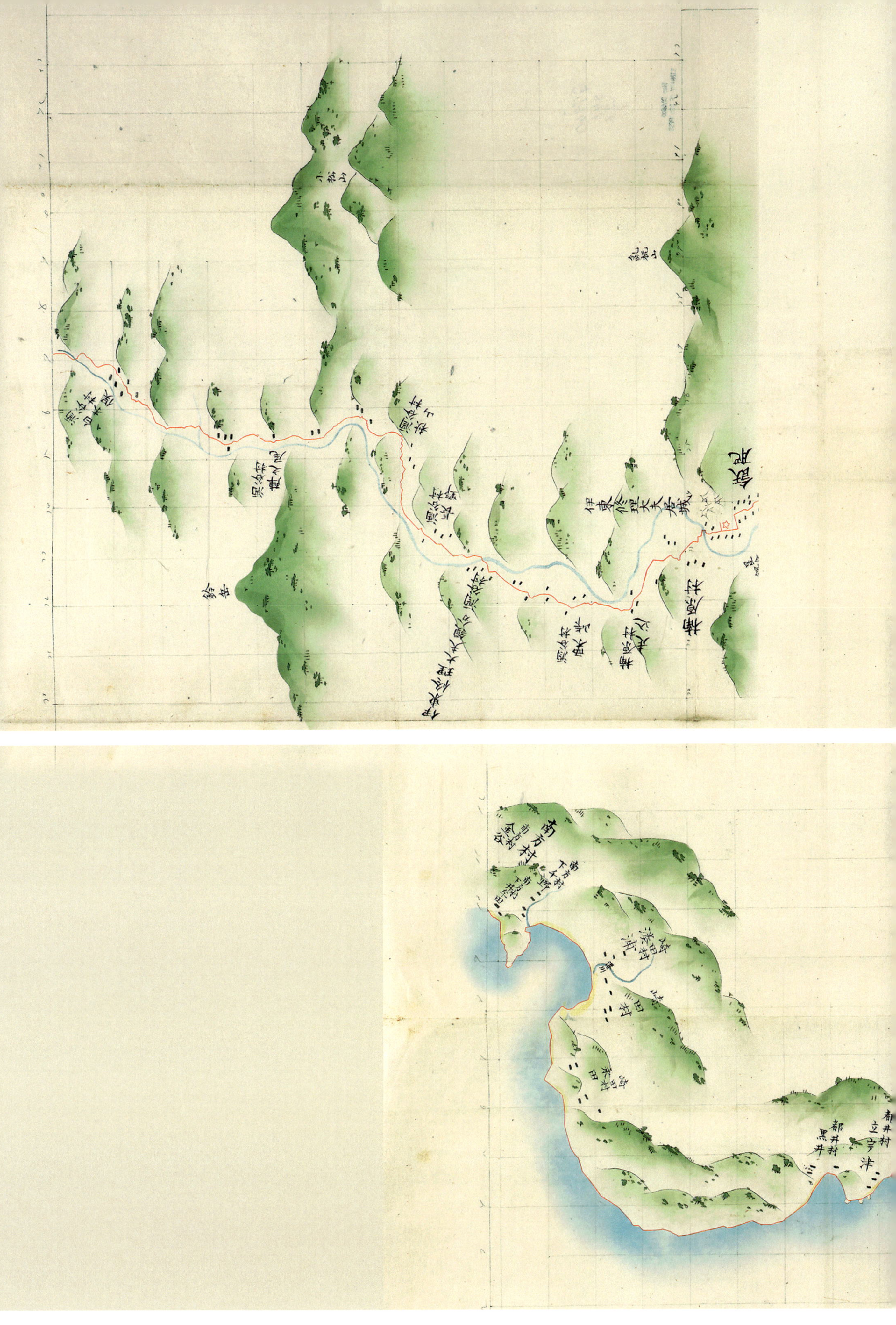

河口村

安楽村
野井倉村
夏井村
諸県郡
那珂郡
高松村
飯盛山
今町
枇榔島
烏帽子嶋

日向國諸縣郡
大隅國肝屬郡

横瀬村
日向國諸縣郡
大隅國肝屬郡
國見山
小串村

小川内
日奈久町
馬越
白島
洲口
船津
下大野
二見村
赤松
坂本
辻
合志野
松崎
荒瀬
高田辺
海路
上部
伊高瀬
大座角
神瀬谷村
白石
岩戸
大瀬谷村
松本
鎌瀬
大坂間
漆河内
市野瀬村
祝坂
吉里

22
24
26
28
渡川村
渡川村 小川
渡川村 地下
渡川村 舟渡
中神村
中神村 大柳
林村
大村
大村 城元
人吉城
人吉
閑村
閑村 七地村
西ノ村 市九
七地村 赤池
西ノ村
西村 井手ノ口
七地村 瀬田村
大畑村
薩摩瀬村

戸島
宮浦
小田浦村
志水
海浦
鶴木山村
斗石村
佐敷町
佐敷村
寺川内村
湯浦本村
岡村
大川内
下内野
上内野
古道
上小場
上門村
市野瀬村
大瀬谷村
神瀬谷村
大坂間
林

第200号　人吉（2）

日奈久町
日奈久村
二見村
白島
井牟田
田浦村
田浦町
小田浦村
佐敷町
佐敷村
鶴木山村
寺川内村
湯浦本村
岡村
市野瀬村
大瀬谷村

河内村
打田村
馬場村
中野
湯船原村
古江村
鏡
宮田村
大宮田
大津原
小崎
棚底村
南平
中浦
藤川
浦村
大道村
東浦
高戸村
姫浦村
二間戸村
神代
樋島
柳島
横浦島
牧島
嵐口
御所浦島
大浦
元浦
竹島

第200号　人吉（3）

116
118 114
160 156

第201号　大村（1）

076 075
122 120 119
126 124

第201号　大村（2）

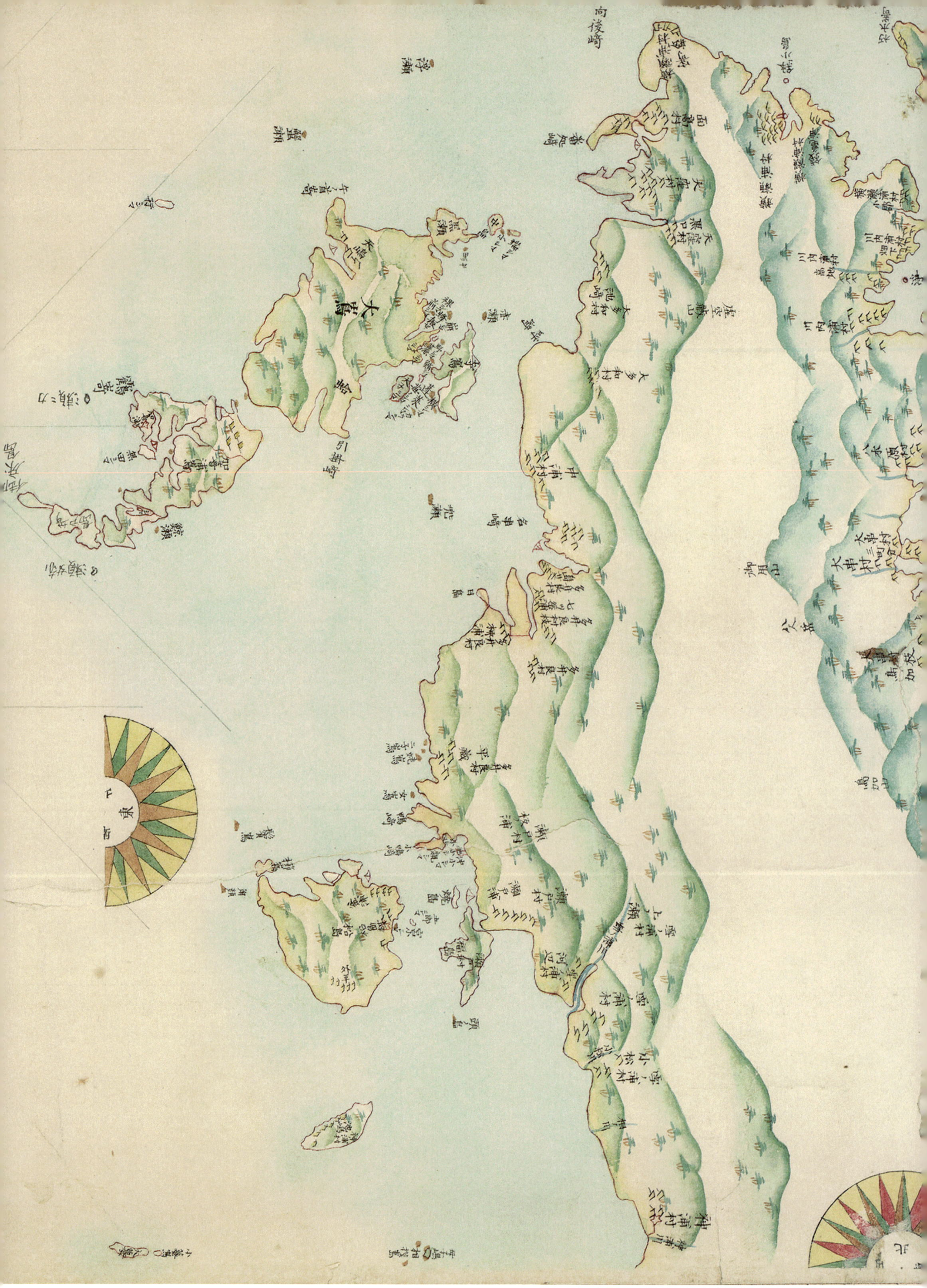

076
122 120
126

124	095	
123		096
134	098	

120 119
126 124 095
123 096

長崎
長崎村
高来郡
彼杵郡
日見村
江浦村
八町分村
戸石村
田結村
平山村
飯盛山
木場山
鈴田山
郷頭山
船津
津島
前嶋
牛先嶋

平山村
木場山
飯盛山
早見村
有喜村
江浦村
八町分村
郷頭山
戸石村
船津
田結村
川下
甲岩
牛先島
菊嶋
津島
本明村
永昌
長野村
長與村
高野平郷
中川郷

第202号　長崎（3）

長崎
高來郡
彼杵郡

129　長崎参考図（1）

日見村
高来郡
彼杵郡
長崎村
木河内郷
長崎村
中川郷
長崎村
高野平郷
日見村
河内名
日見村
網場名
長崎村
茂木村
田上名
高来郡
彼杵郡
茂木村
木場名
茂木村
飯香浦名
茂木村
茂木村
大崎名
牧島

長崎参考図（2）

大村領
佐嘉領
佐嘉御料所
高来郡
長崎村
高野平郷
長崎村
中川郷

長崎参考図（3）

123
134 098
136 116

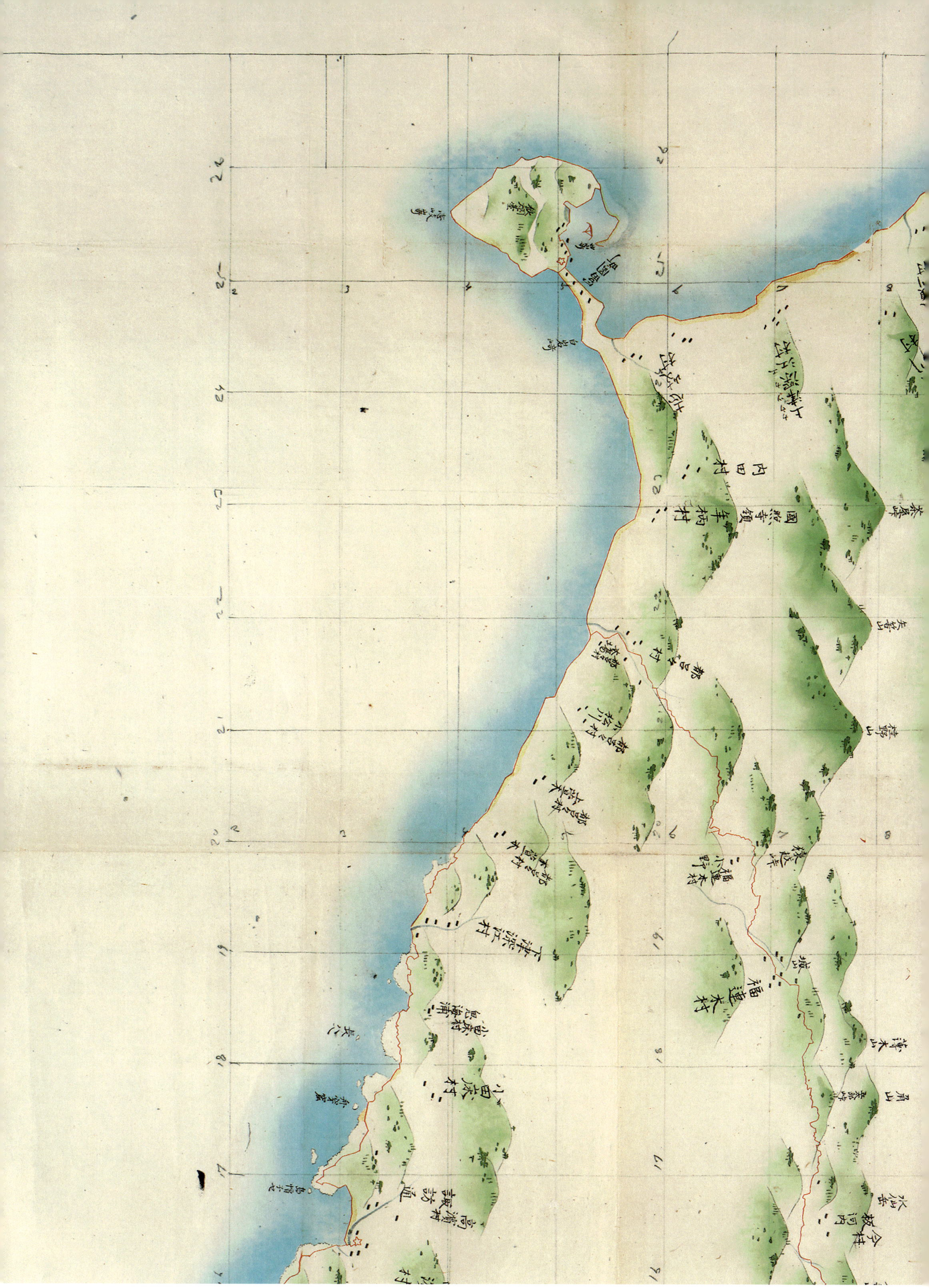

第203号　天草下島（1）

楠浦村
大宮地村
小宮地村
北高根
中田村

第203号　天草下島（2）

獅子嶋
出水郡
御所之浦
赤崎村
塩追浦
平尾
福浦
蔵本村
城河内村

第203号　天草下島（3）

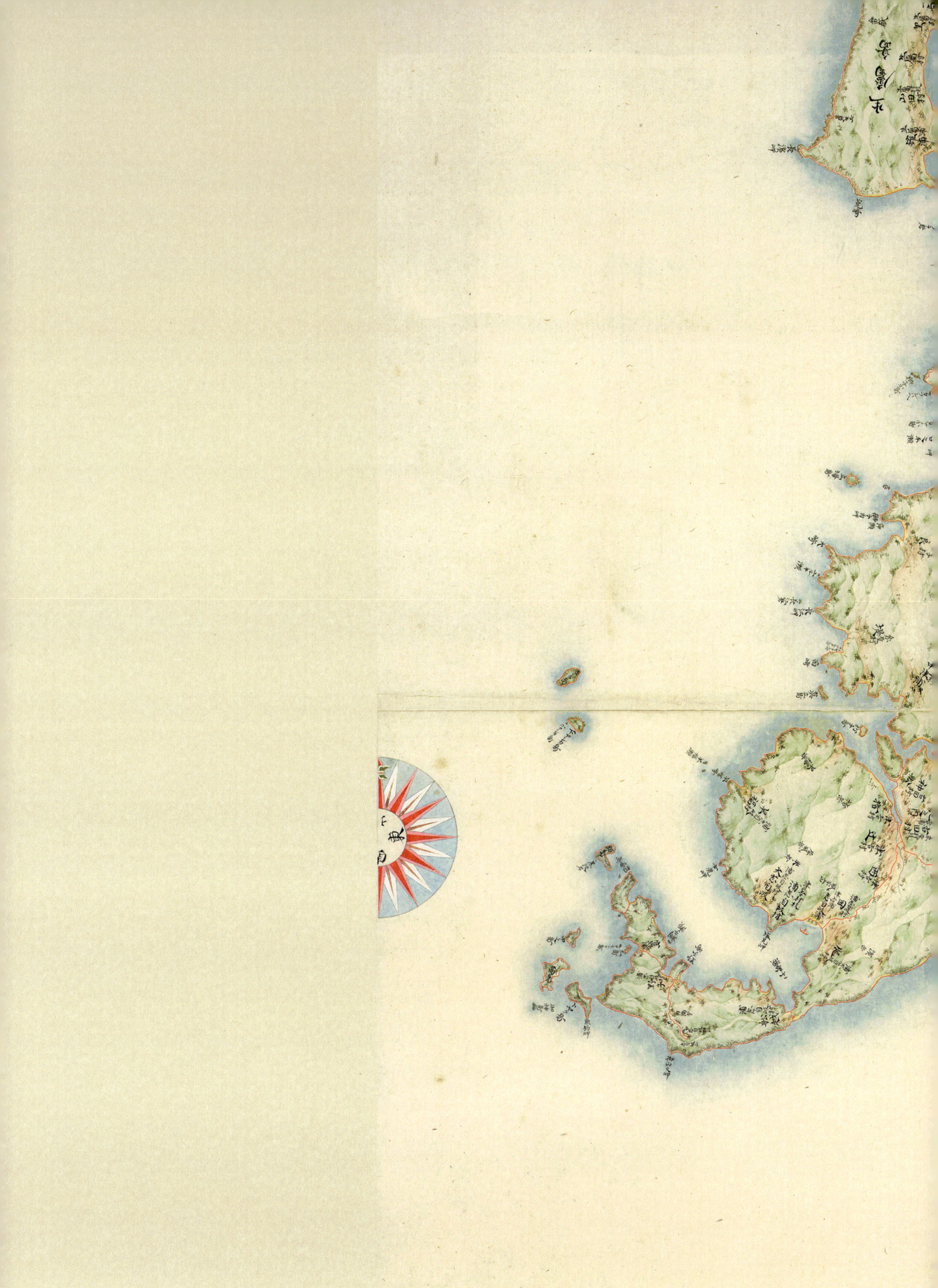

第204号　平戸（1）

142 074 140 076

第204号　平戸（2）

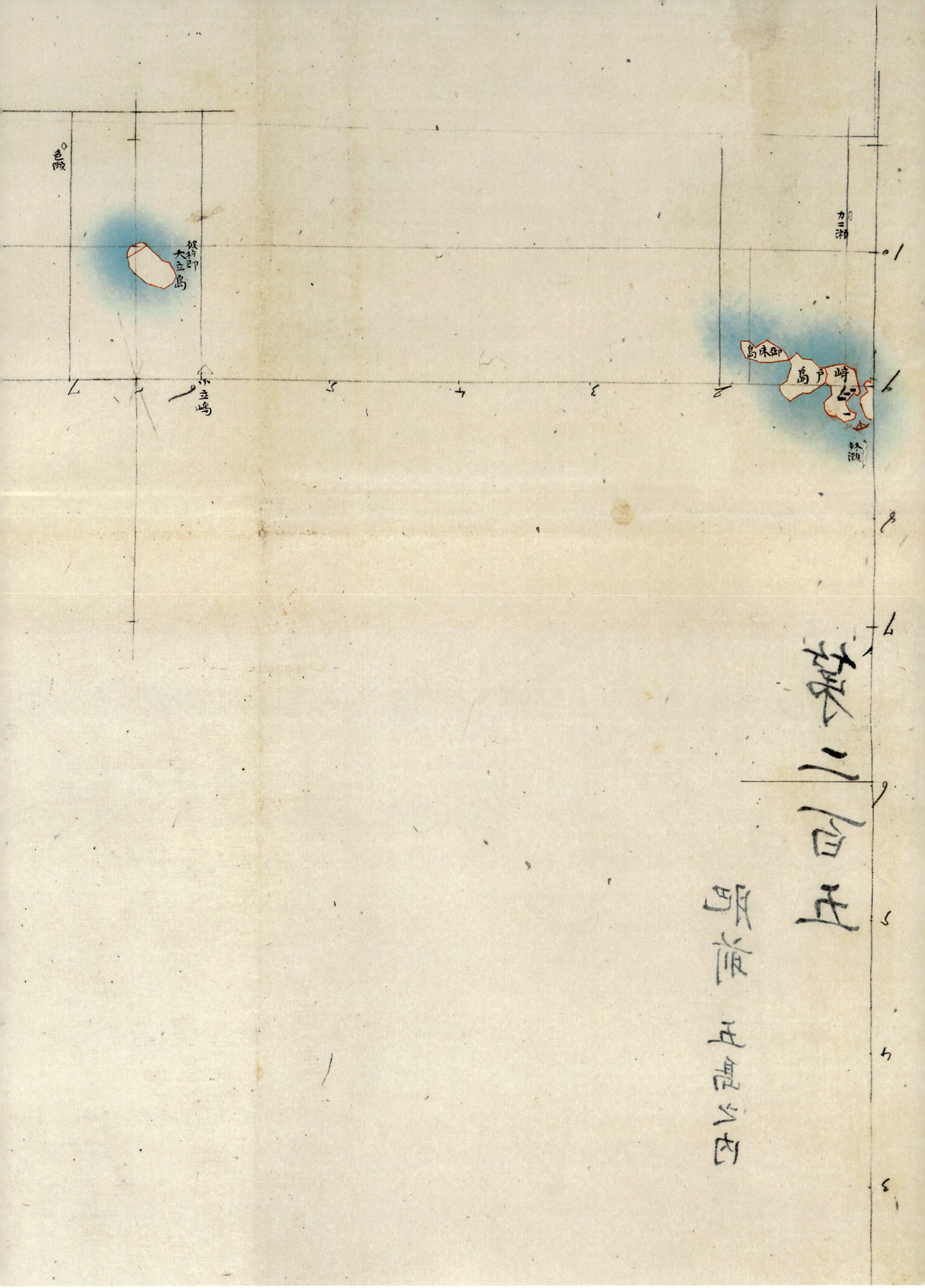

第205号　崎戸（1）

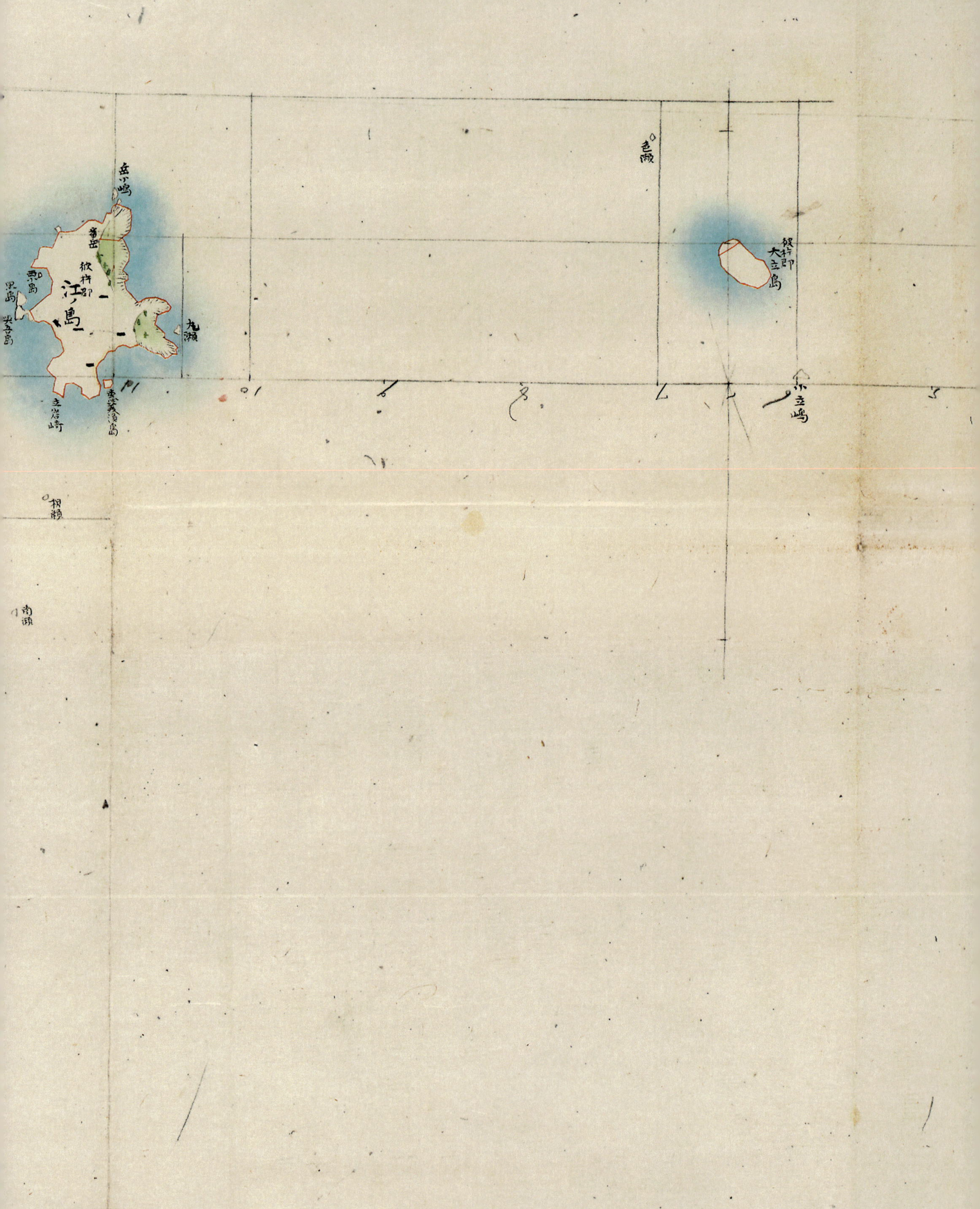

岳ノ嶋
番岳
彼杵郡
江ノ島
黒島
九瀬
立岩崎
色瀬
彼杵郡
大立島
小立嶋

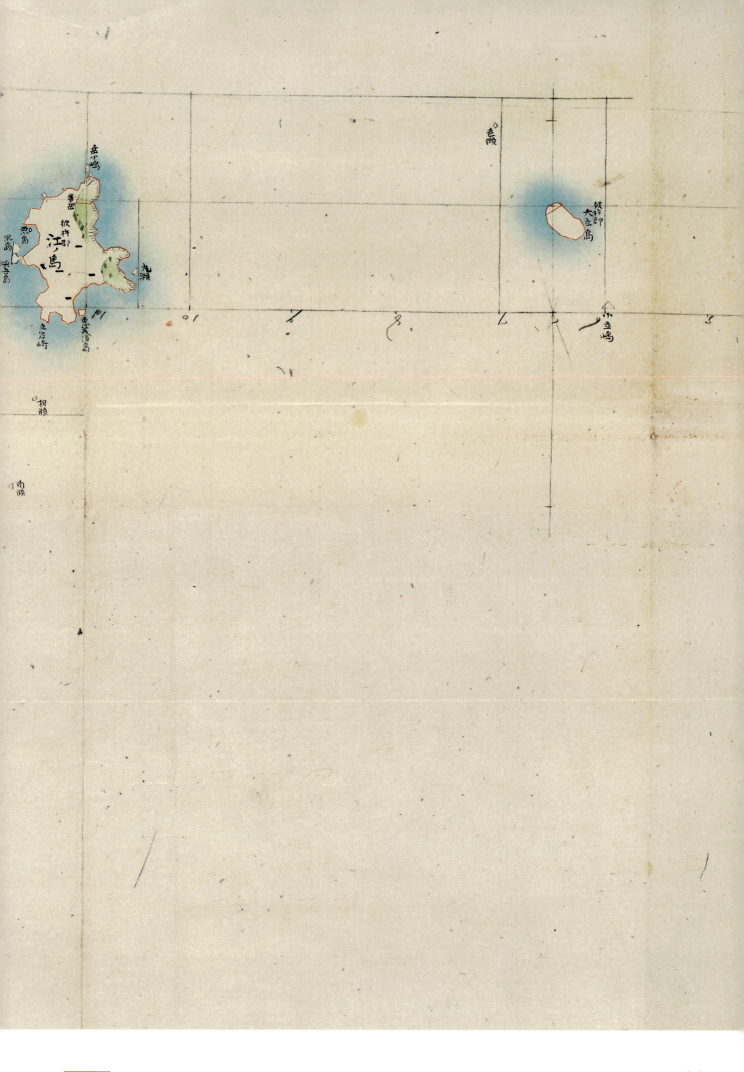

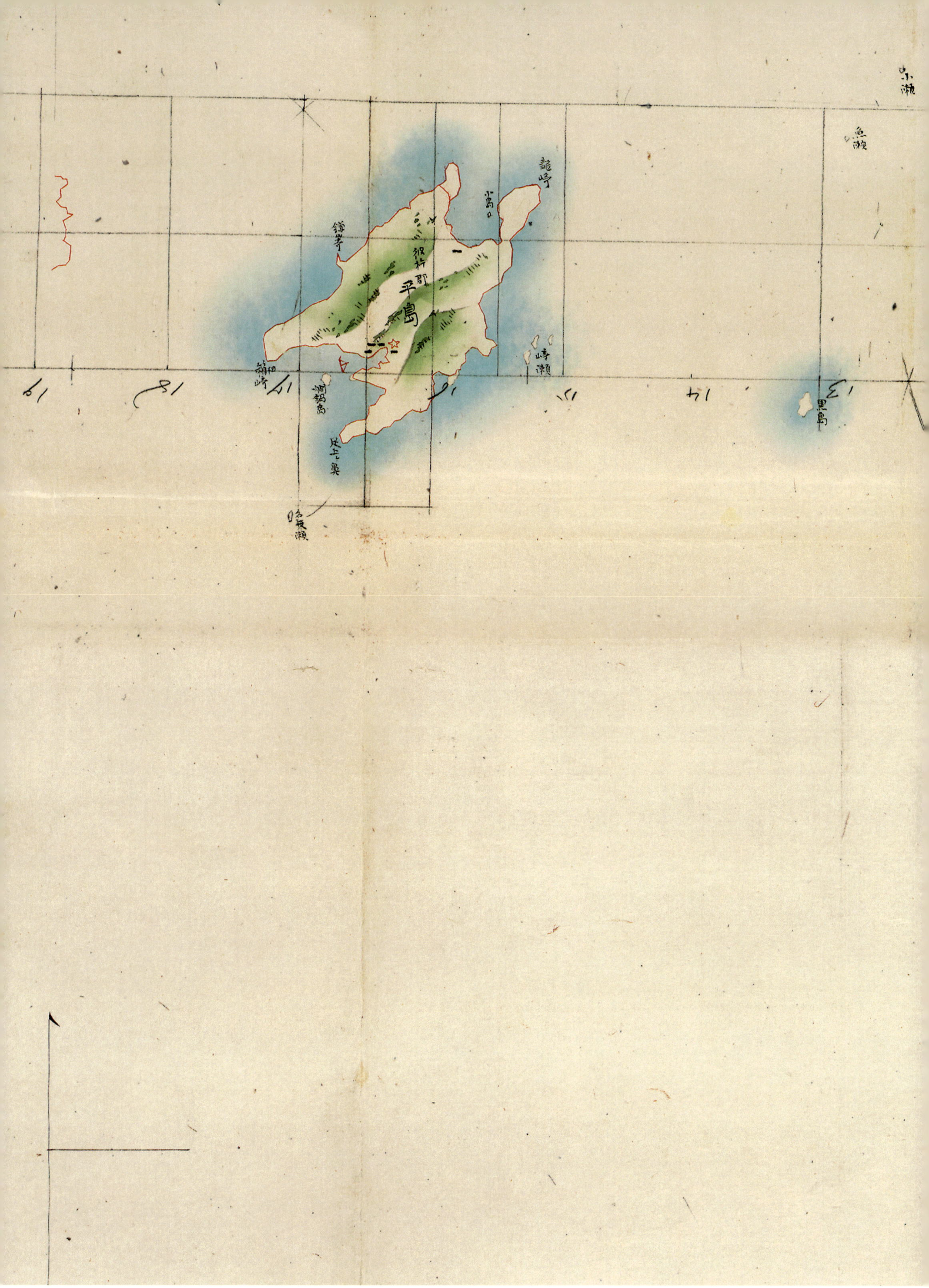
彼杵郡
平島
小島
黒島

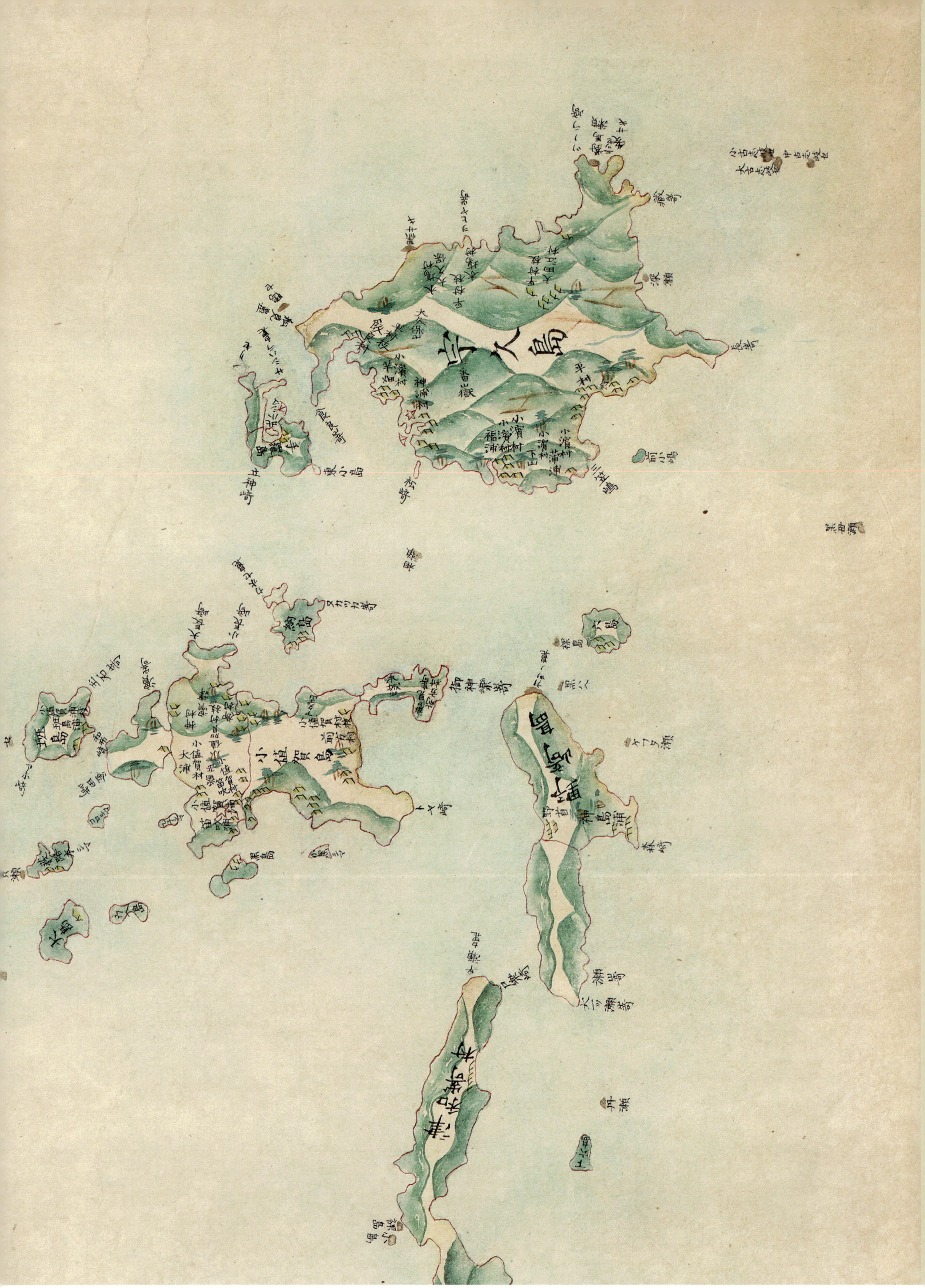
宇久島
小値賀島

第206号　小値賀（1）

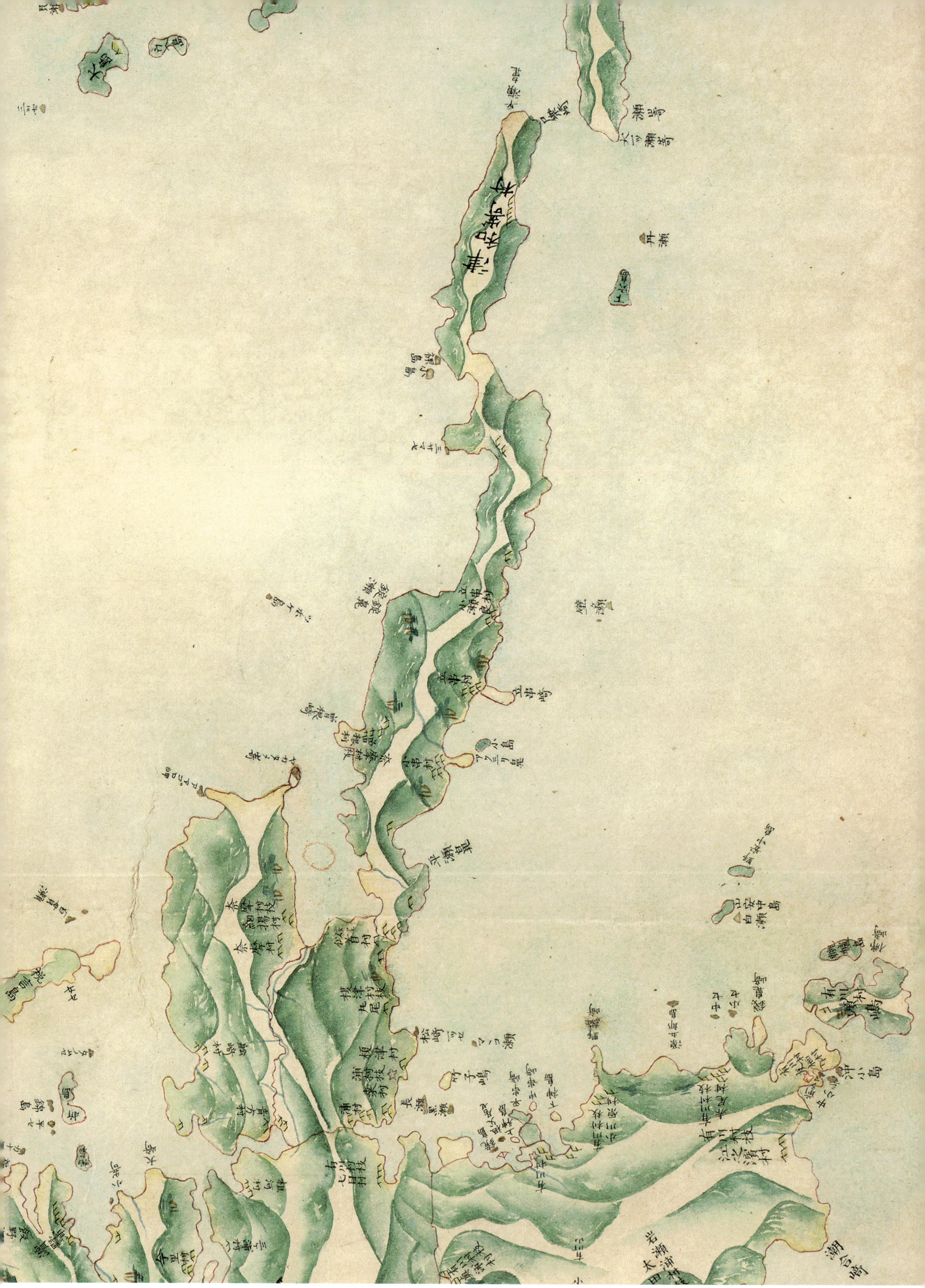

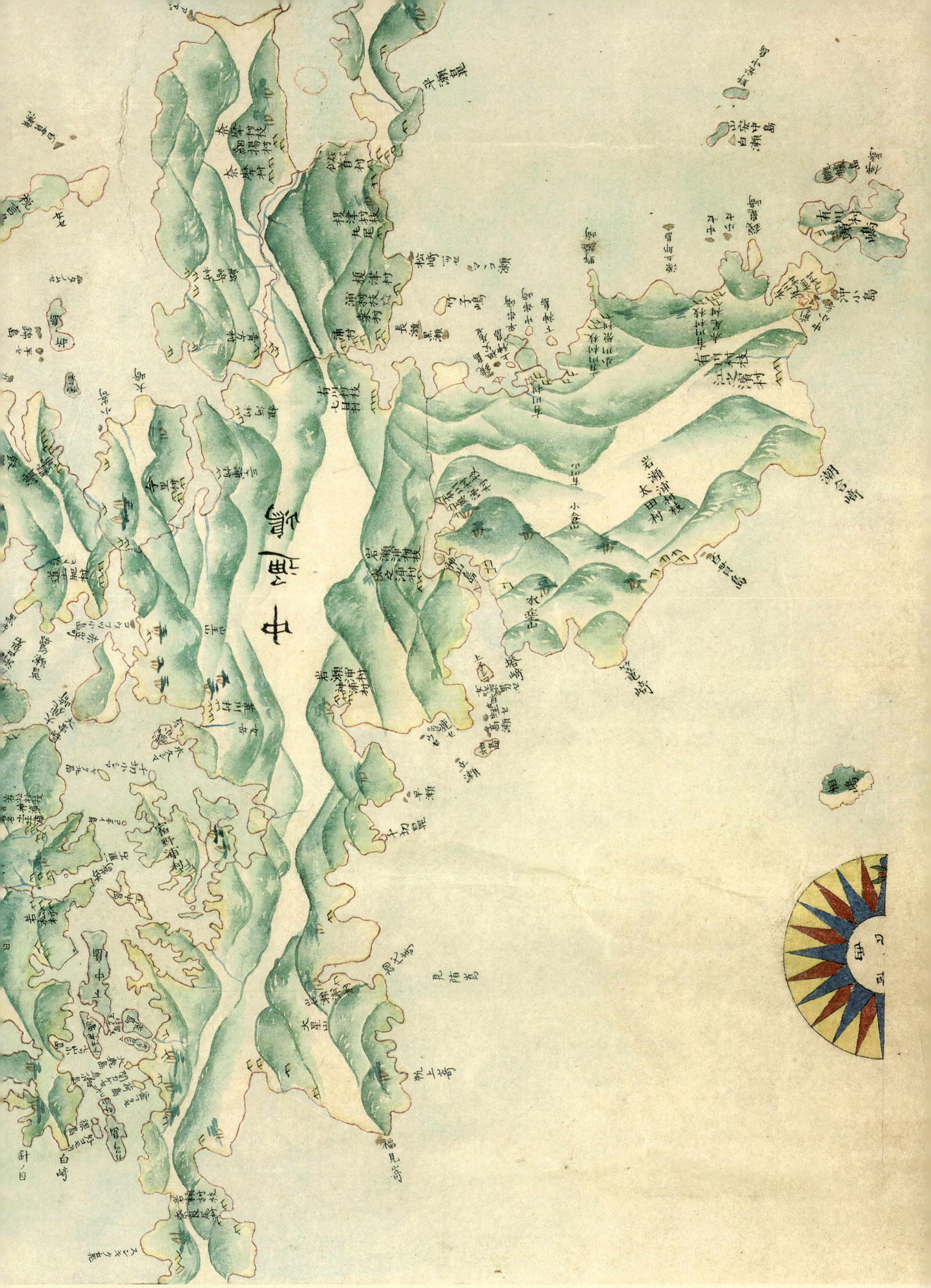

第206号　小値賀（3）

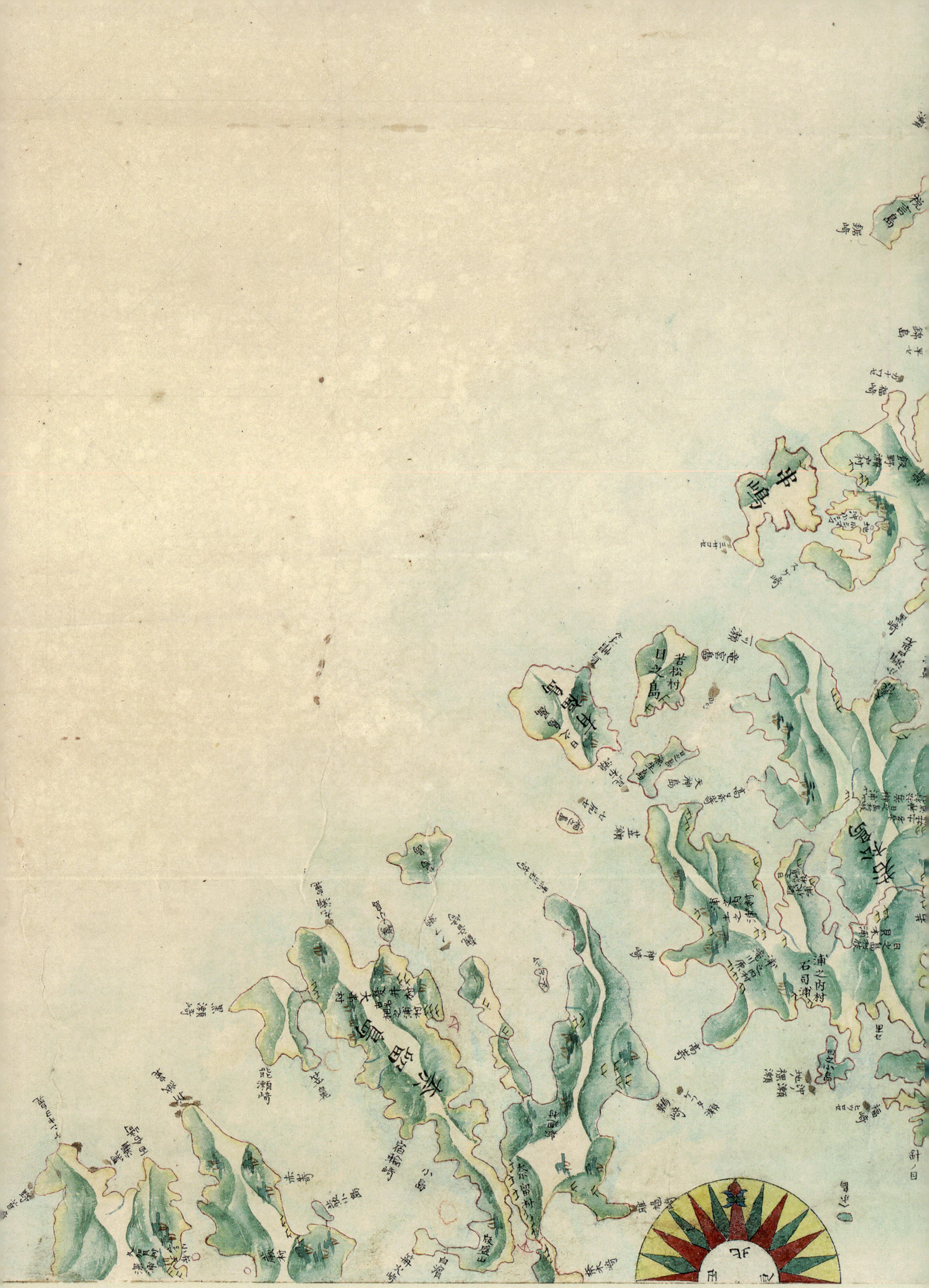
串島
浦之内村
石司浦
北

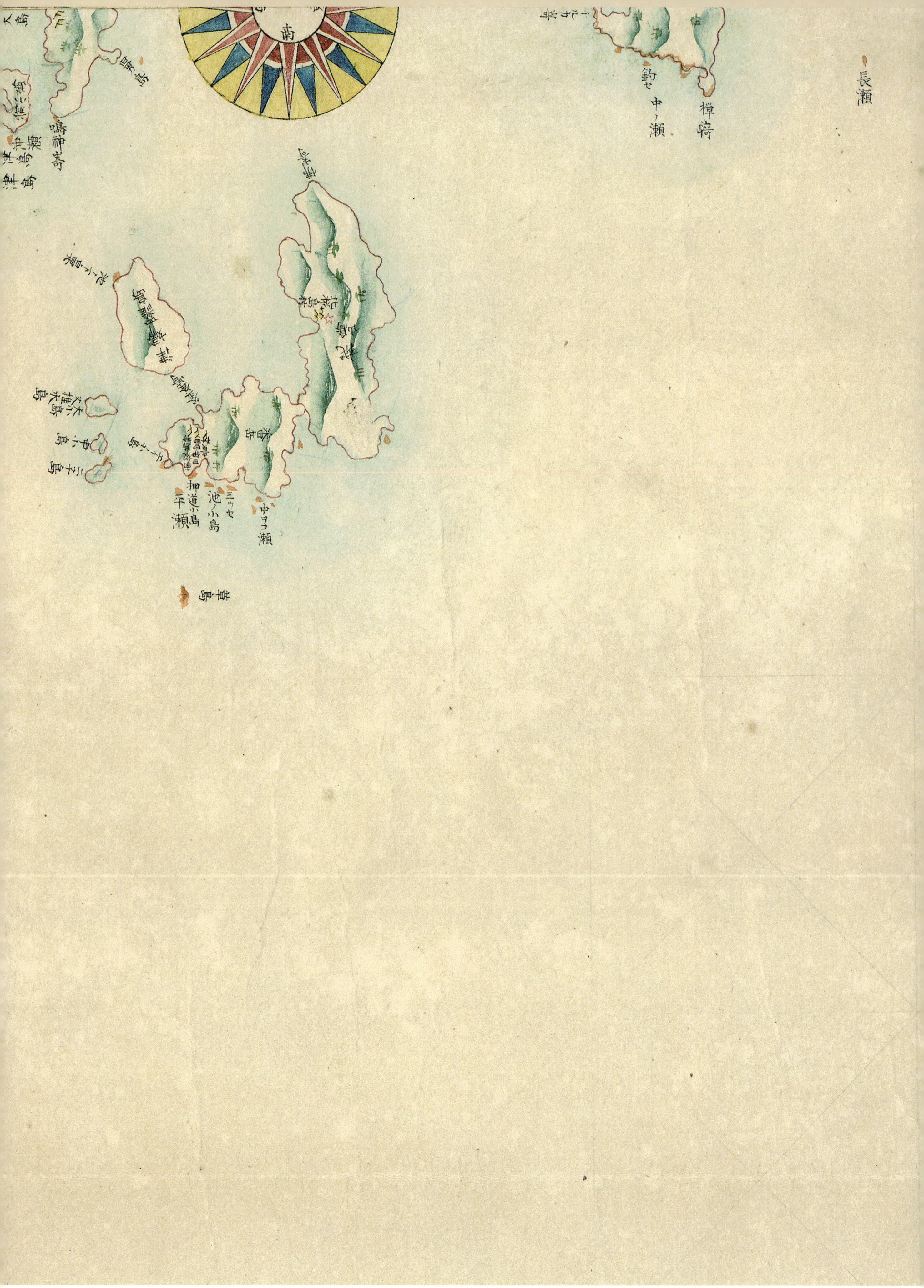
南
長瀬
樺崎
中ノ瀬
釣セ
大小椎木島
中小島
三子島
三ツセ
池ノ小島
押道小島
平瀬
中ヨコ瀬
草島

 第207号 福江（2）

大白瀬
小白瀬
島原瀬
平瀬
笠山崎

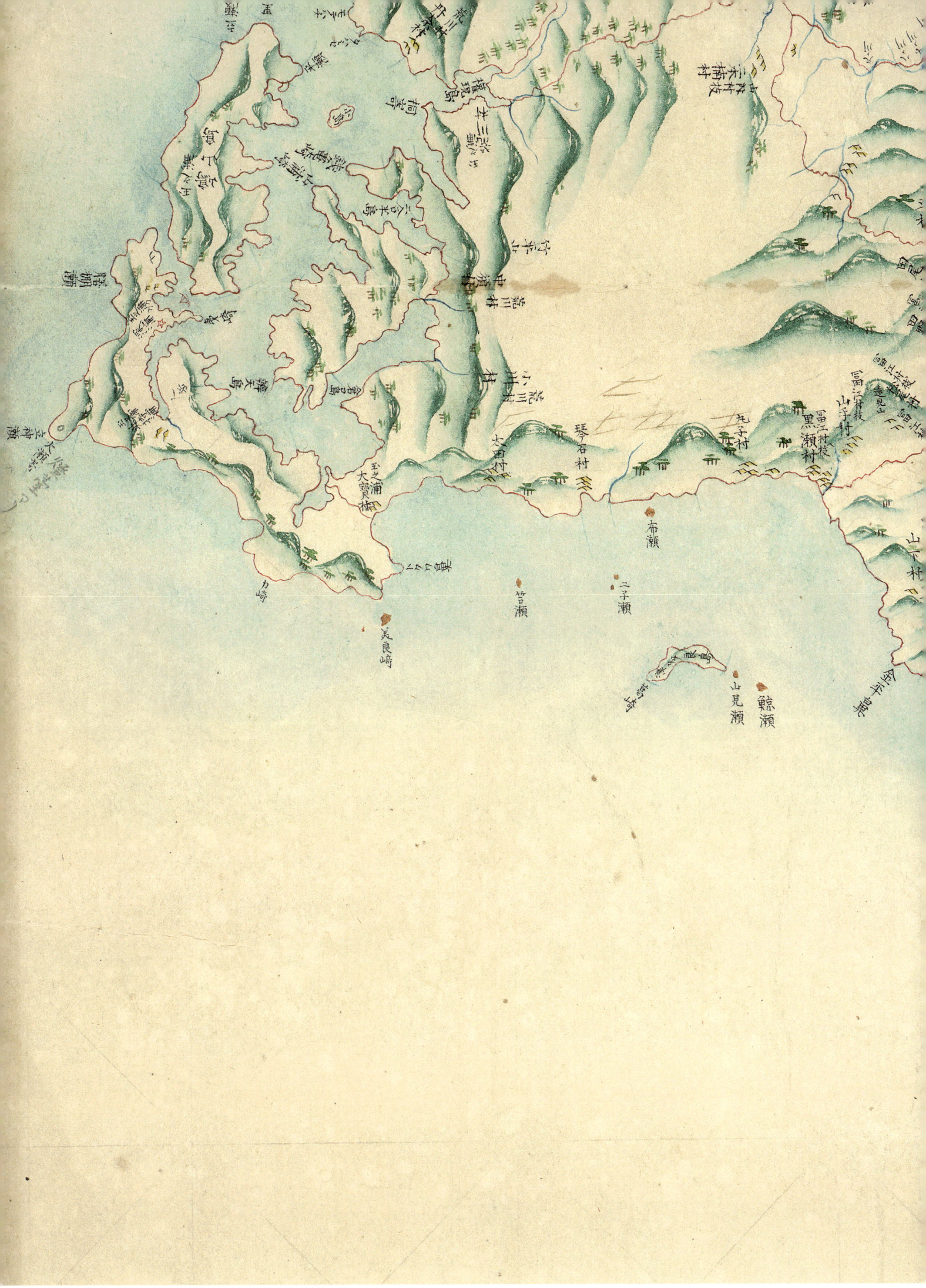

第207号 福江（3）

上屋敷
大田畑村
川北村
榎田村
鳴中村
長山村
中福良村
灰塚村
岡村
亀沢村
鶴丸村
柳津村
中津川村
山添村
二反田
飯盛山
西山
北多村
小羽村
栗野村
湯尾村
南浦村
永池

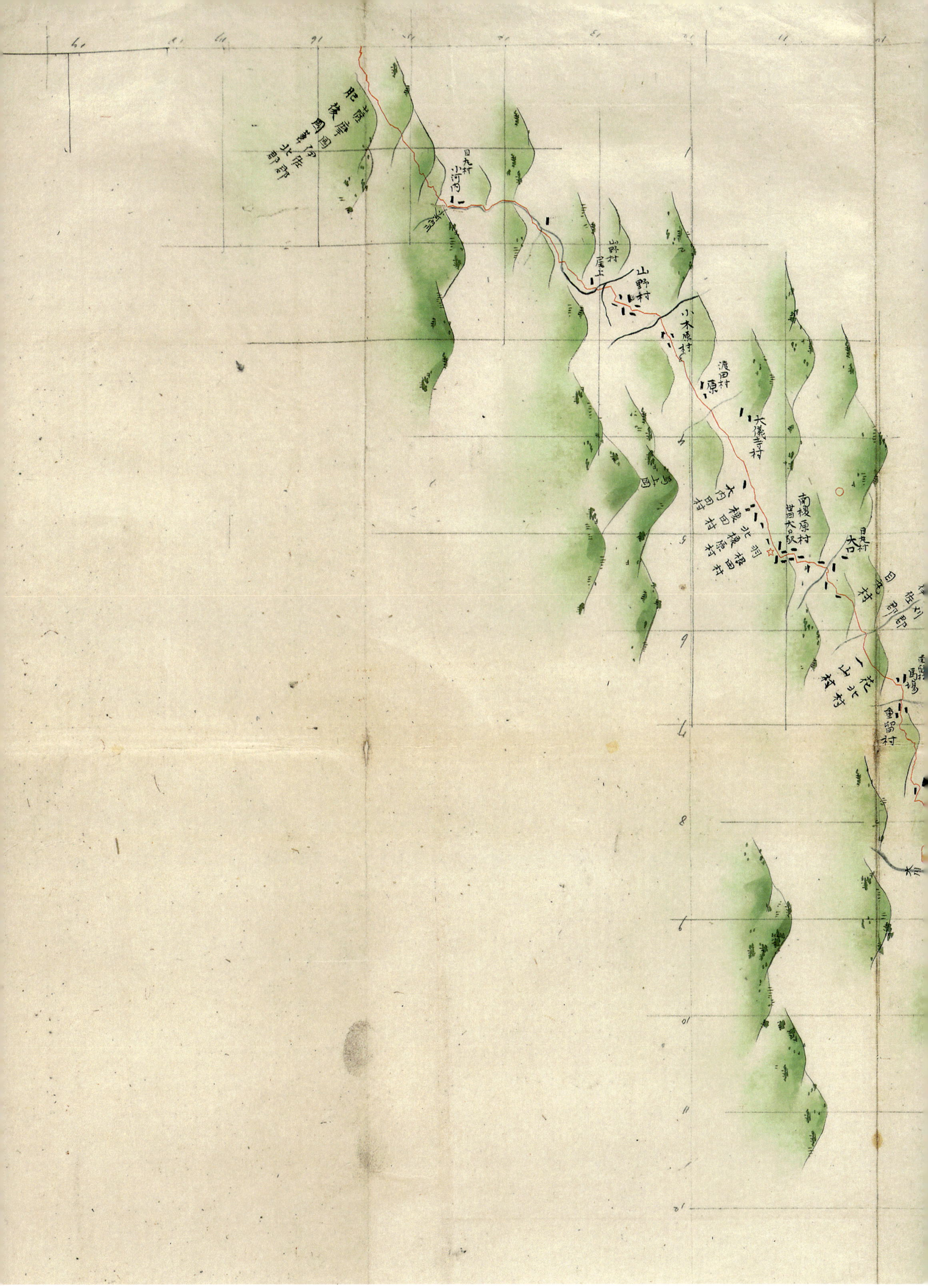

肥後国
葦北郡
薩摩国
伊佐郡
日丸村
小河内
山野村
尾上
山野村
小木原村
滝田村
原
大儀寺村
大内田村
榎田村
北榎原村
同
榎田村
南榎原村
出水大口駅
日丸村
大口
日丸村
伊佐郡
一山
花北村
馬場
重留村

 第208号 **阿久根**（1）

前目村
湯尾村
南浦村
永池
高田村
中之村
横川
中津川村
吉村村
西山
山添村
池島
二反田
熊峰峠
北方村
栗野村
小羽村
坂元
飯盛山
桑原郡
姶羅郡
下之村
三縄村
竹子村
十文字
石原村

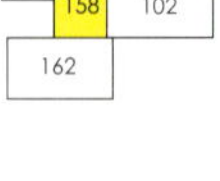
156
104
158
102
162

浦町
黒瀬
佐潟崎
西目
大川
平瀬
綱津村
京泊浦
船間島
久見崎村
寄田村
草道村
野町
下之村
大小路村

138 118 114
160 156
159

　第208号　**阿久根**（4）

大室村
春山
重久村
松木山
松永村
姫木村
天神山
姫木村
八幡社
内村
茅原郡
囎唹郡
住吉村
濱市村
内山田村
畠中村
野久美田村
西濱
小濱村
永濱
小濱村
有川村
有川村
猪目
小田村
小山田村
茅原郡
重久村
敷根村
福山村
廻村
廻村

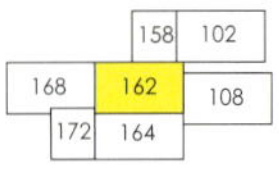
158
102
168
162
108
172
164

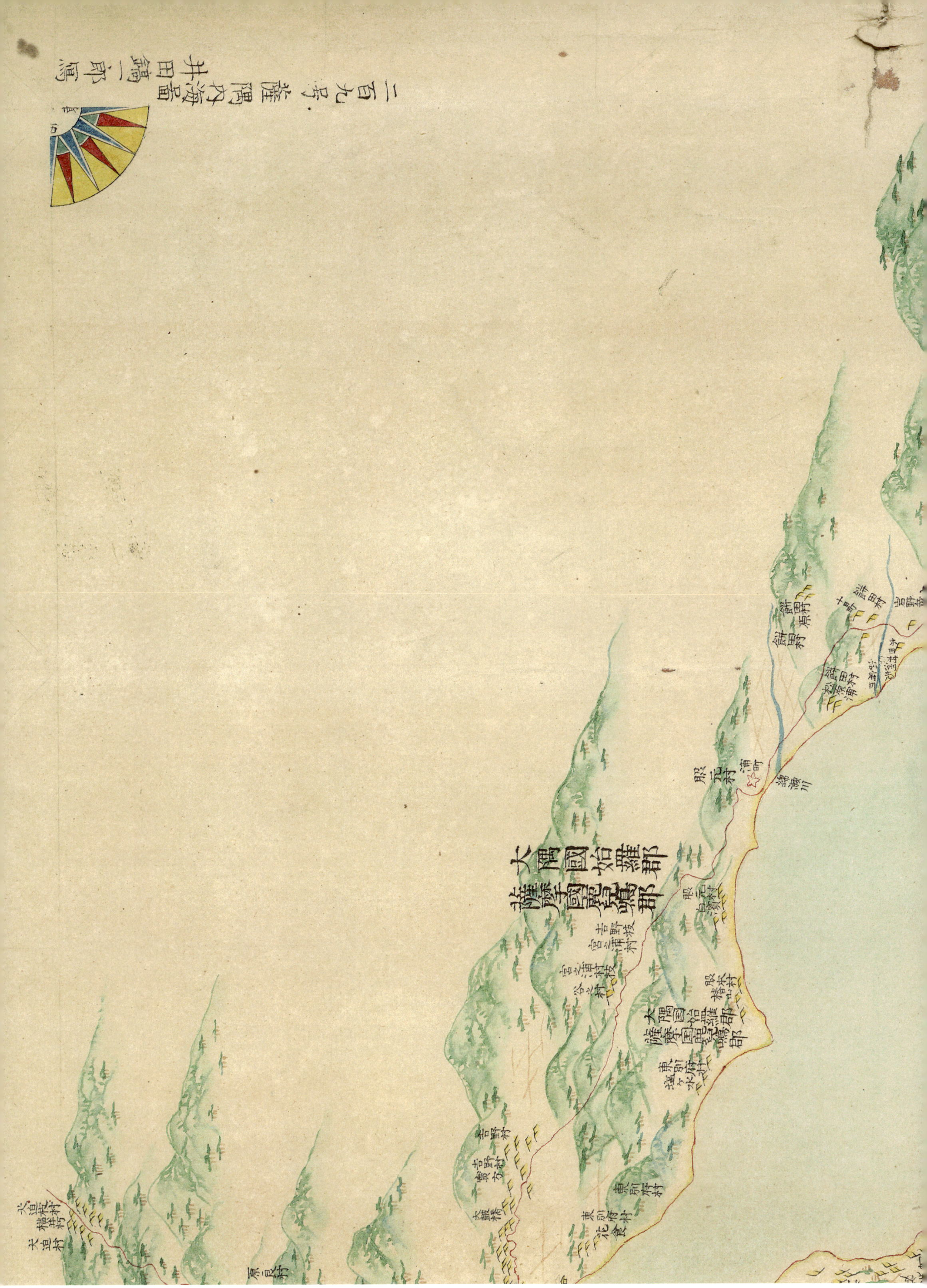
二百九号
薩隅内海図
井田鐵一郎写
大隅國始羅郡
薩摩國鹿兒嶋郡

大隅郡
境村
三川村
牛根村
海潟村
田上村
松原村
新城村
高隈山

小野村
原良村
中村
鹿児島郡
谿山郡
和田村
谿山郡
給黎郡

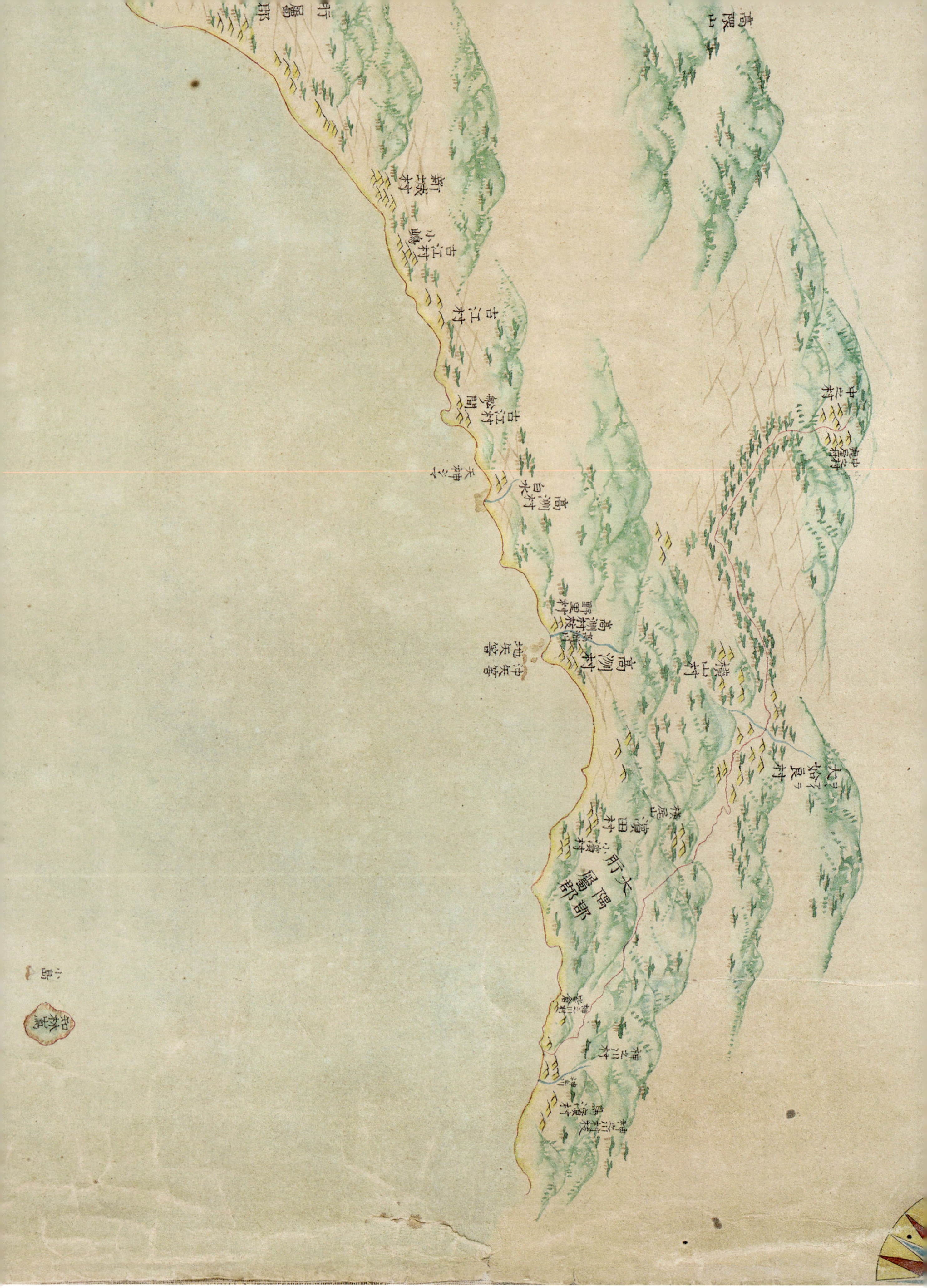

高隈山
新城村
古江村
小嶋
古江村
古江村
鮫間
天神ノ下
高洲村
白水
高洲村
野里村
浅ノ川
高洲村
地兵營
沖兵營
中之村
横山村
大姶良村
横尾山
濱田村
小濱村
大隅郡
所属
神之川村
神之川村
神之川
濱村
小島
知林嶋

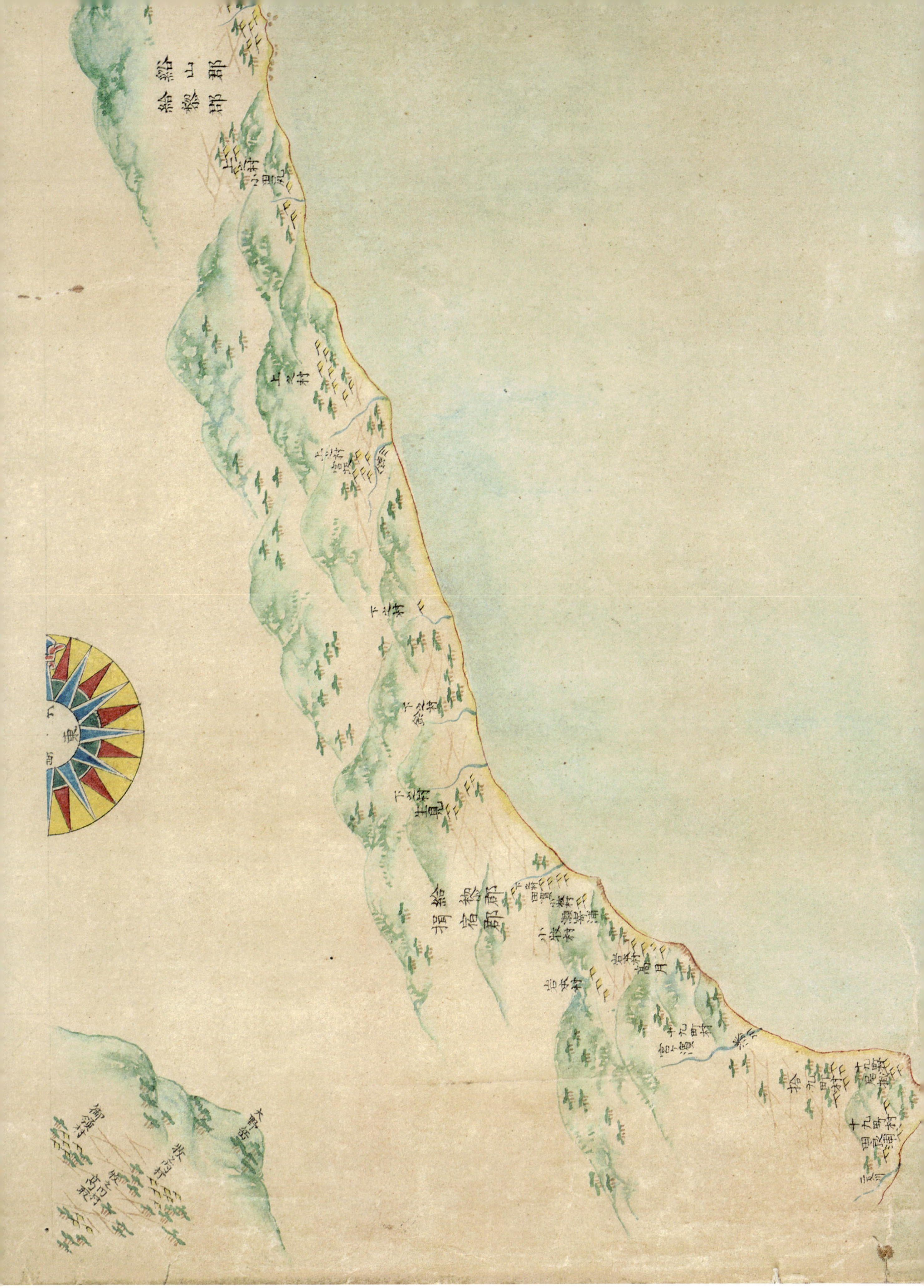

第209号 鹿児島（3）

東手村
西手村
大里村
湯田村
長里村
寺脇村
太田村
坂元
土橋村
竹之山村
大迫
清藤村
伊作田村
神之川村
野町
猪鹿倉村

第210号　串木野・枕崎（1）

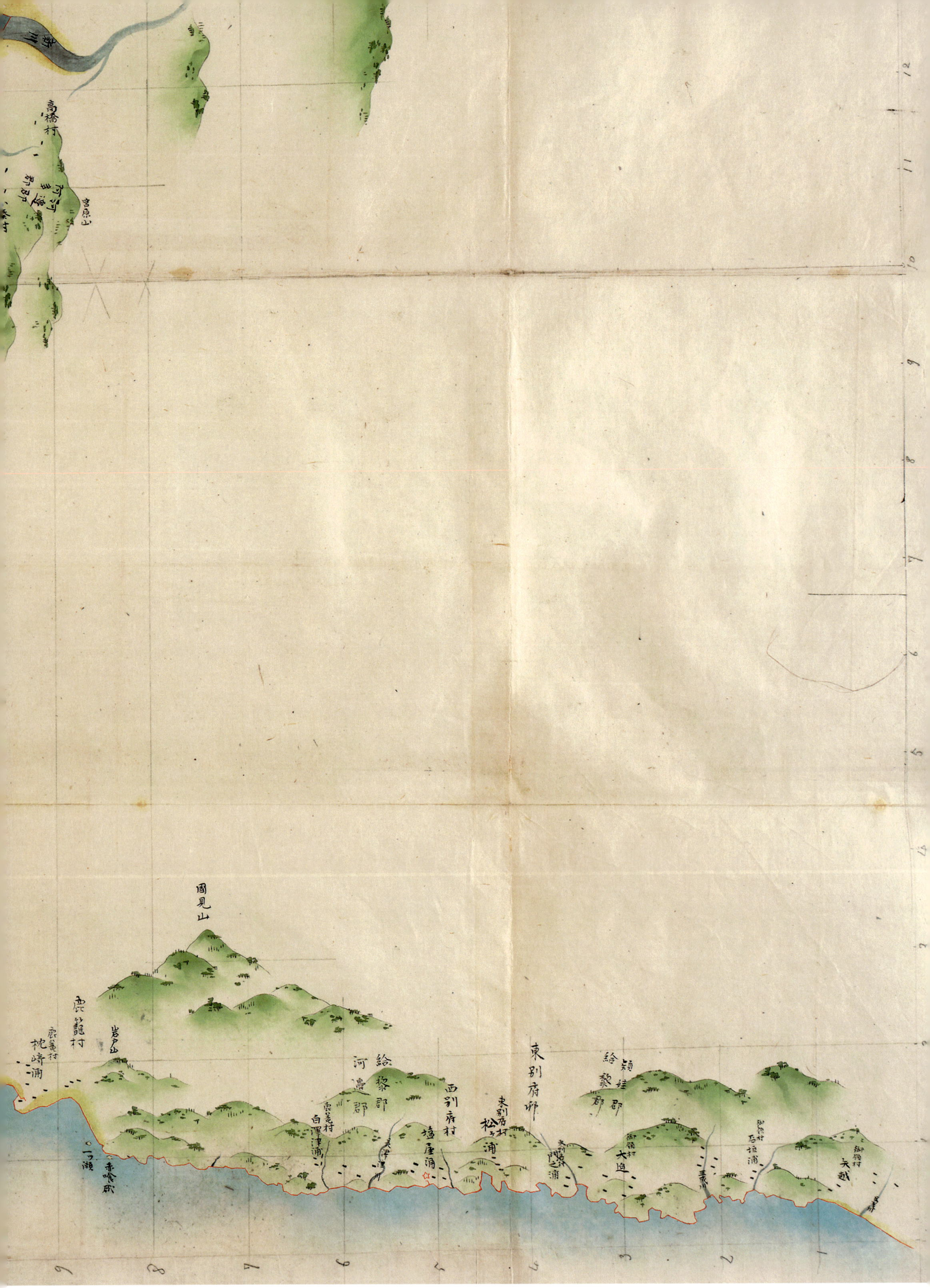

高橋村
國見山
鹿籠村
岩戸山
鹿籠村
枕崎浦
一ツ瀬
赤喰崎
給黎郡
河邊郡
鹿籠村
白澤津浦
西別府村
塩屋浦
東別府村
松之浦
東別府郷
東別府村
門之浦
給黎郡
頴娃郡
御領村
大迫
御領村
石垣浦
御領村
矢越

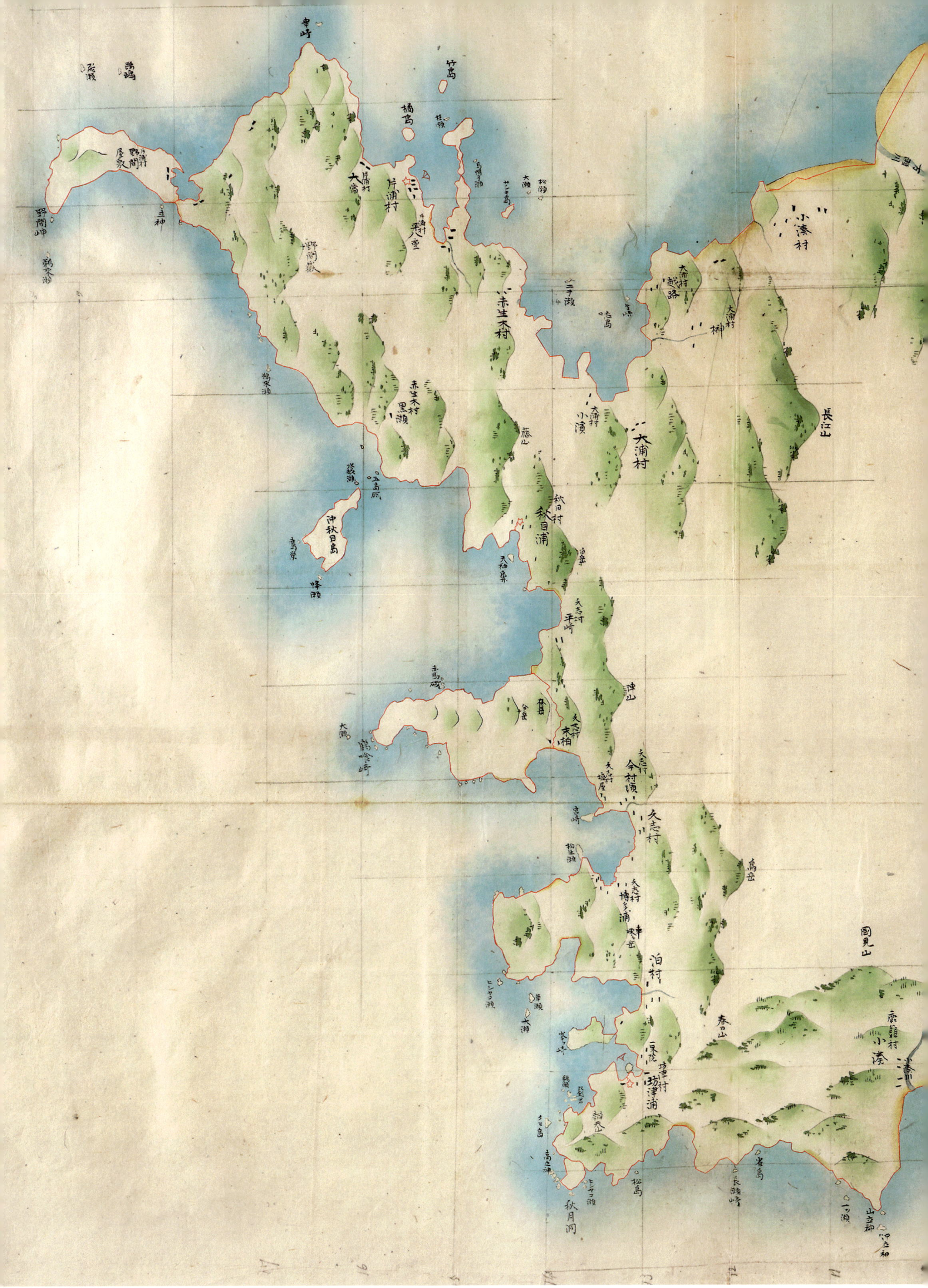

第210号　串木野・枕崎（2）

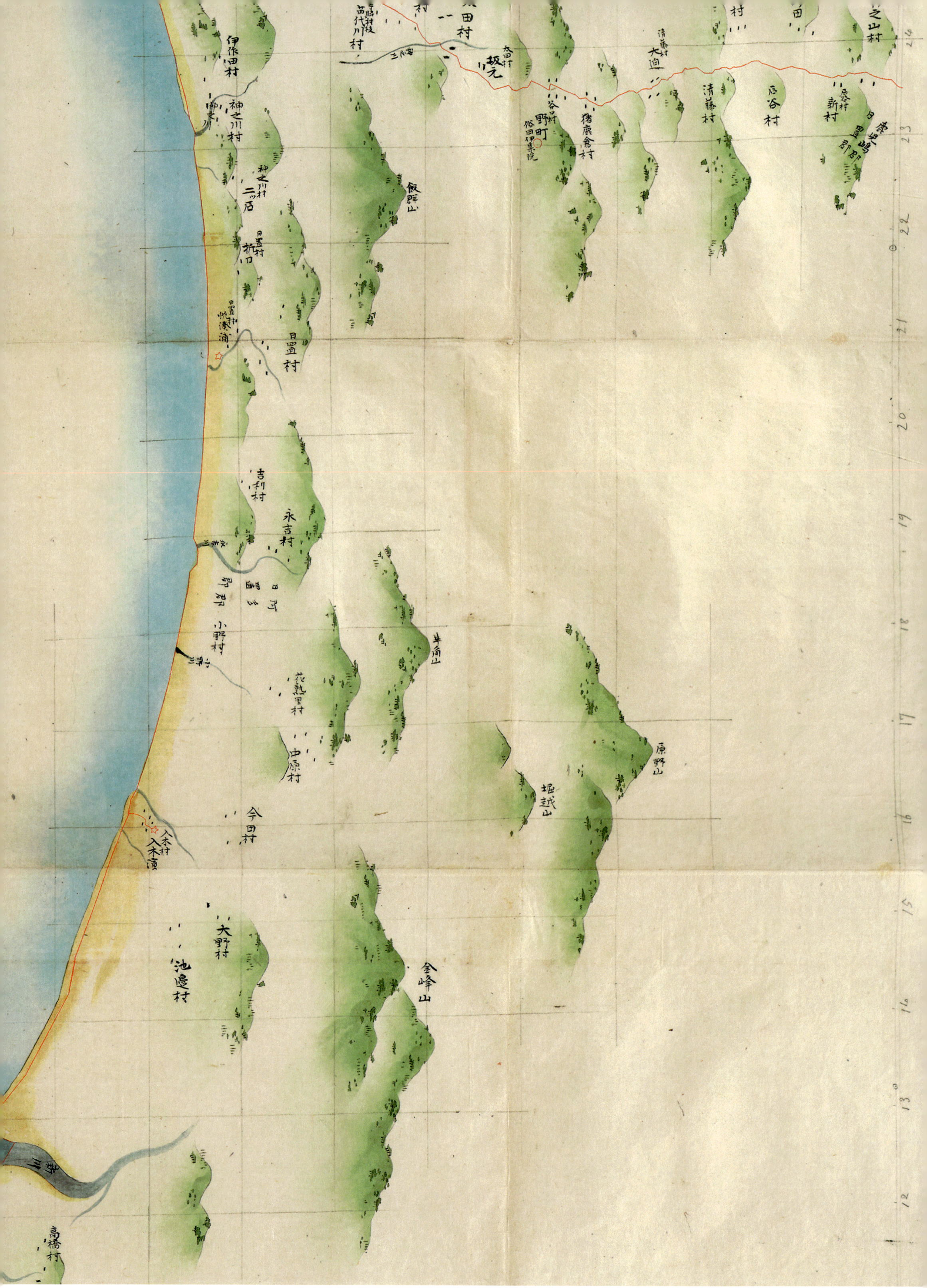

168	162
172	164
170	166

第211号　山川（1）

166 112
173 174

第211号　山川（2）

郡村
仙田村枝 駒村
仙田村
仙田村枝 川尻浦
開聞嶽
開聞崎
揖宿郡
頴娃郡
大山村
長崎
鳴川村 児水浦
鳴川村
拾二町村 湊浦
大山崎

166
176 173

 第212号　甑島（1）

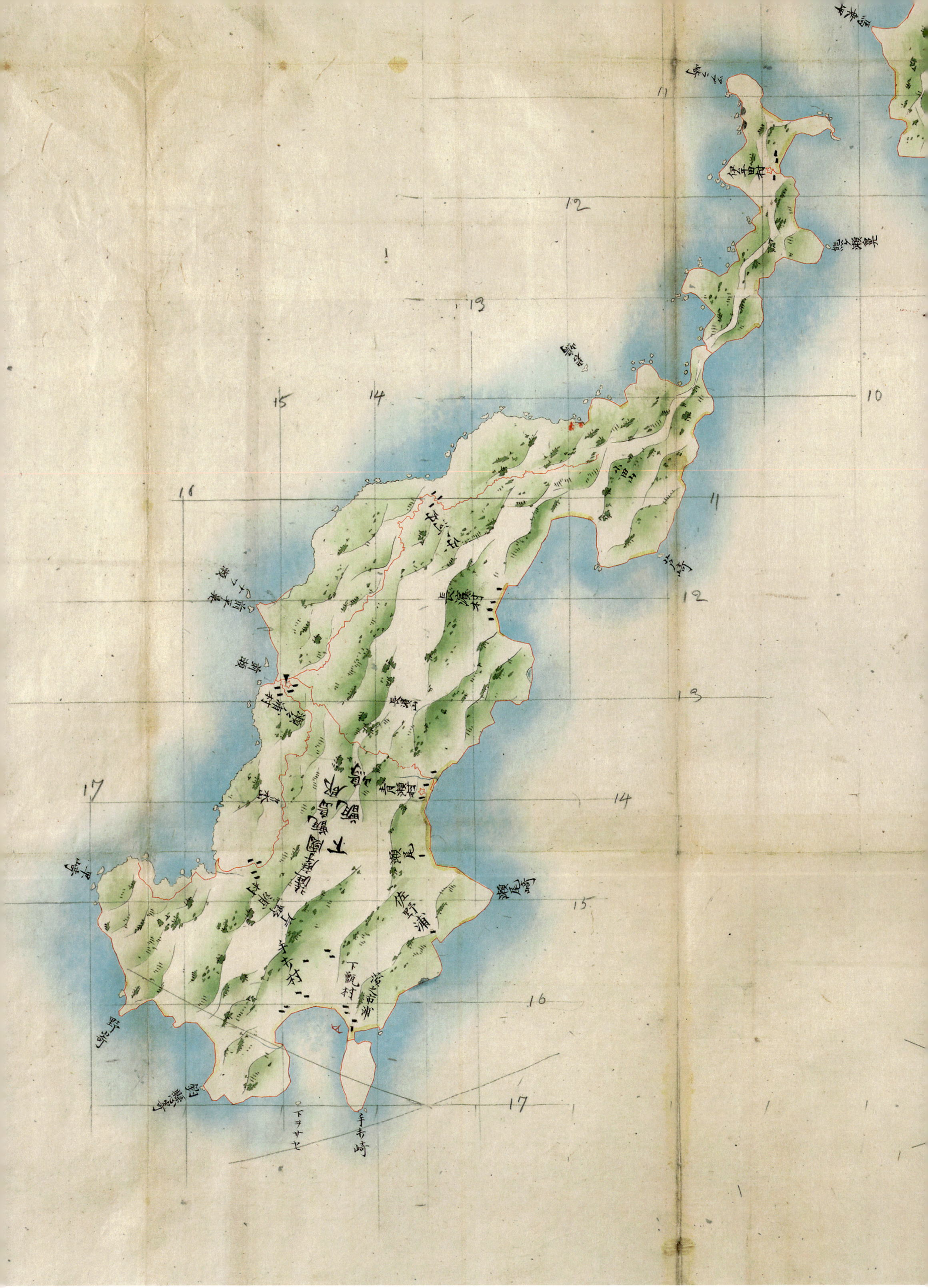
長濱村
下甑村
手打崎
瀬尾崎

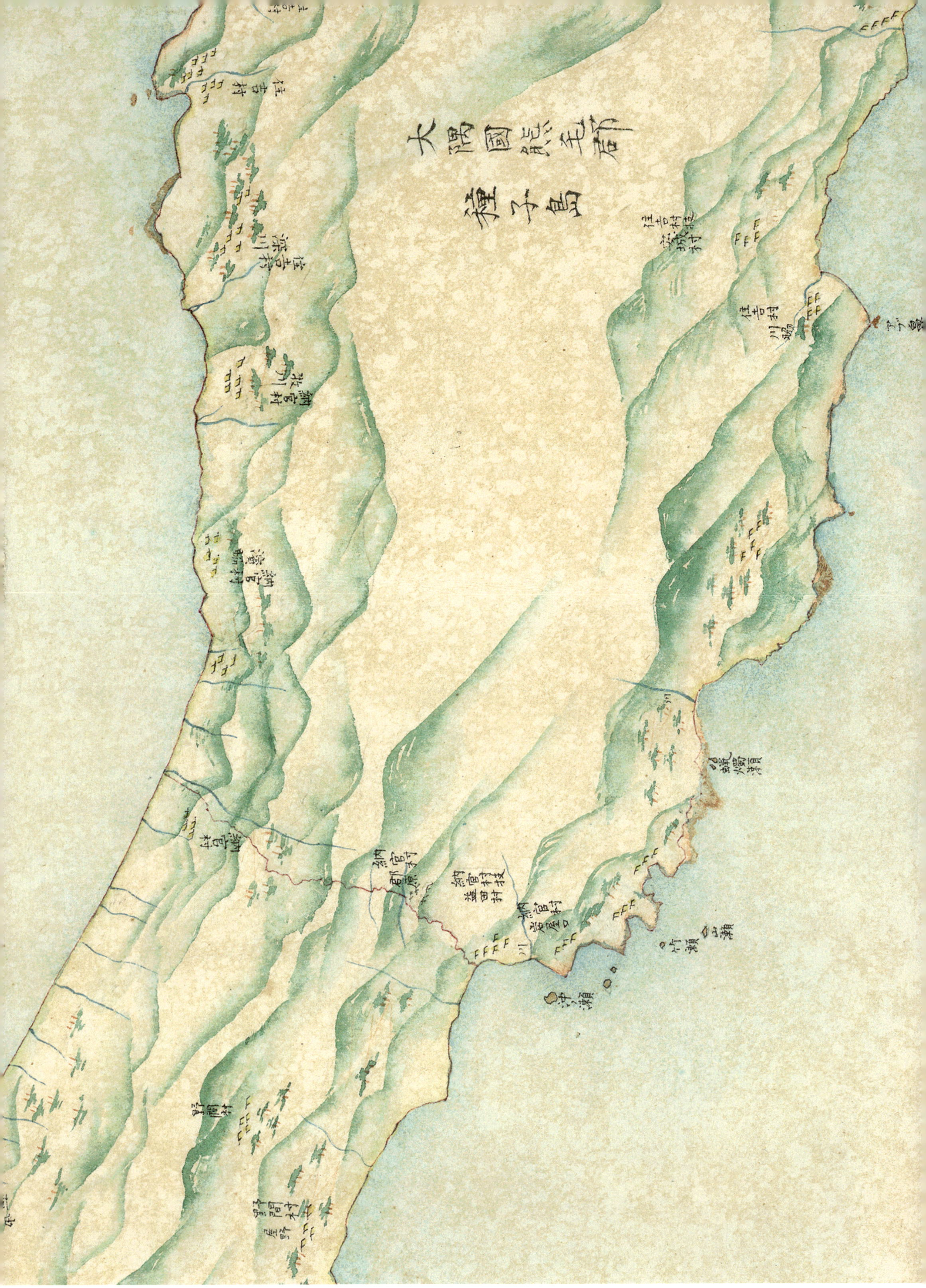

第213号　種子島（1）

180
179
182

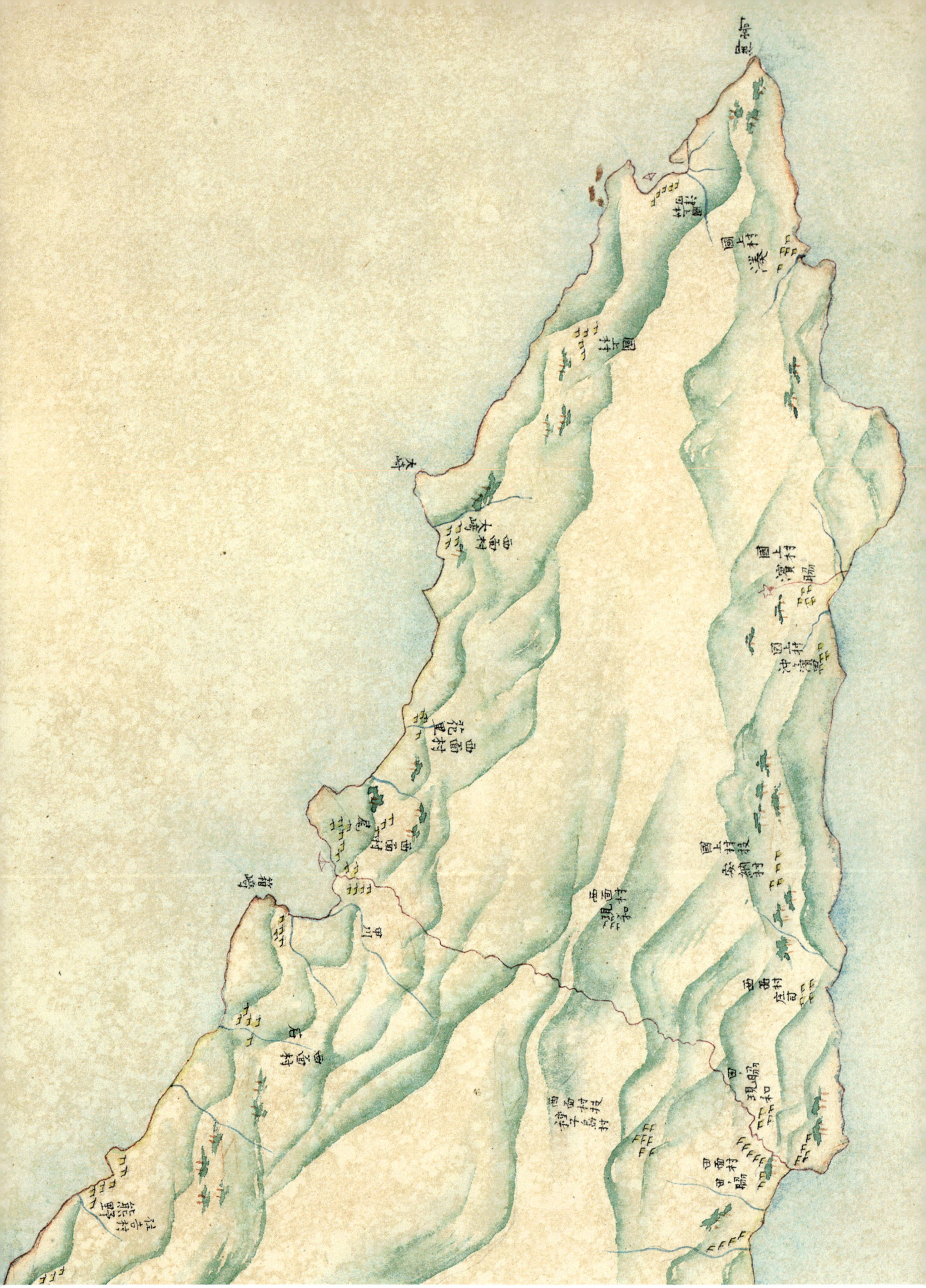

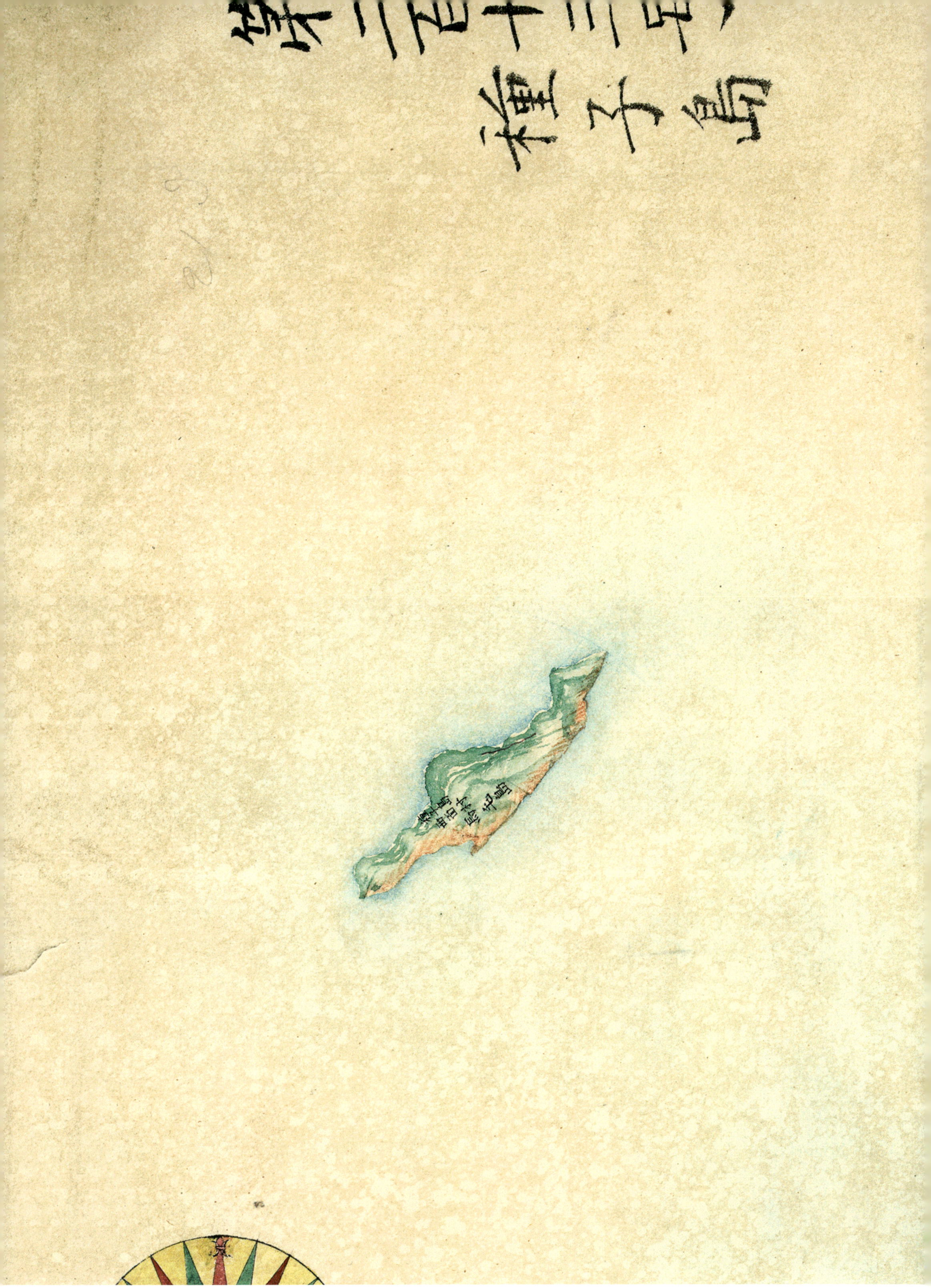

第213号　**種子島**（2）

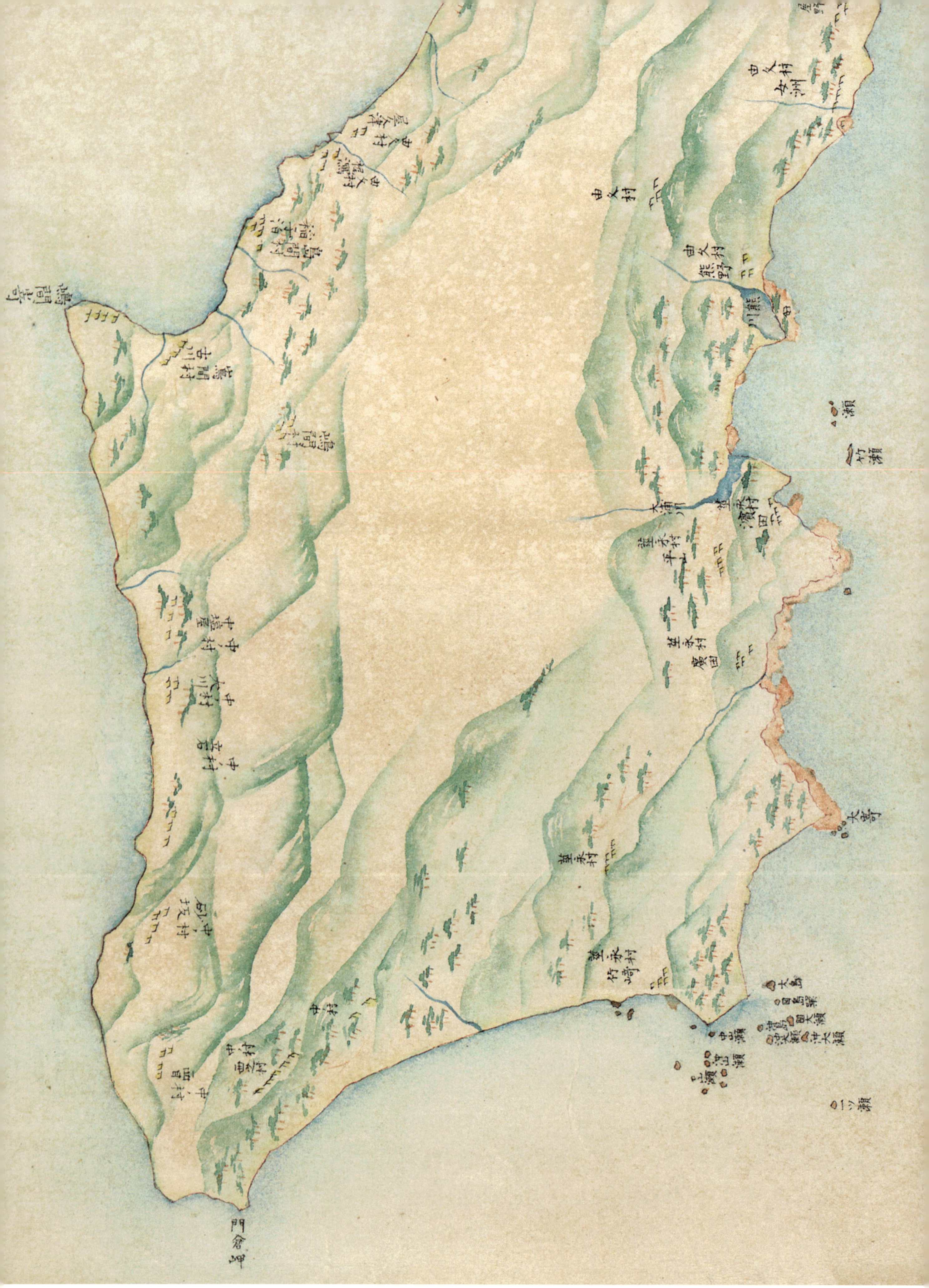

第213号　種子島（3）

第214号　屋久島（1）

183 184 186

明星岳
吉田村
船行村
明星後岳
吉田村
安房村

 第214号　屋久島（2）

早崎
船行山
ヲトス山
明星岳
吉田村
船行村
明星後岳
吉田村
安房村
沖岩
前岳
高平タケ
栗生村
麦生村
原村タケ
栗生村
原村
前タケ
栗生村
尾野間村
栗生村
小嶋村

大隅國馭謨郡
権現嶽
元組岳
後タケ
平内タケ
栗生村
平内村
栗生村
湯泊村
湯泊岳
野山
栗生村
中間村
栗生村
栗生崎
七瀬
沛崎

第214号　屋久島（3）

塩見峠
八重村
萩領
吉田村
肥田村
厚狭郡
豊浦郡
小月村
萩領
福田村
萩領
宇津井村
松屋村
小埴生
埴生村
千珠嶋
満珠嶋

九州沿海図　第1図　**小倉・下関**（1）

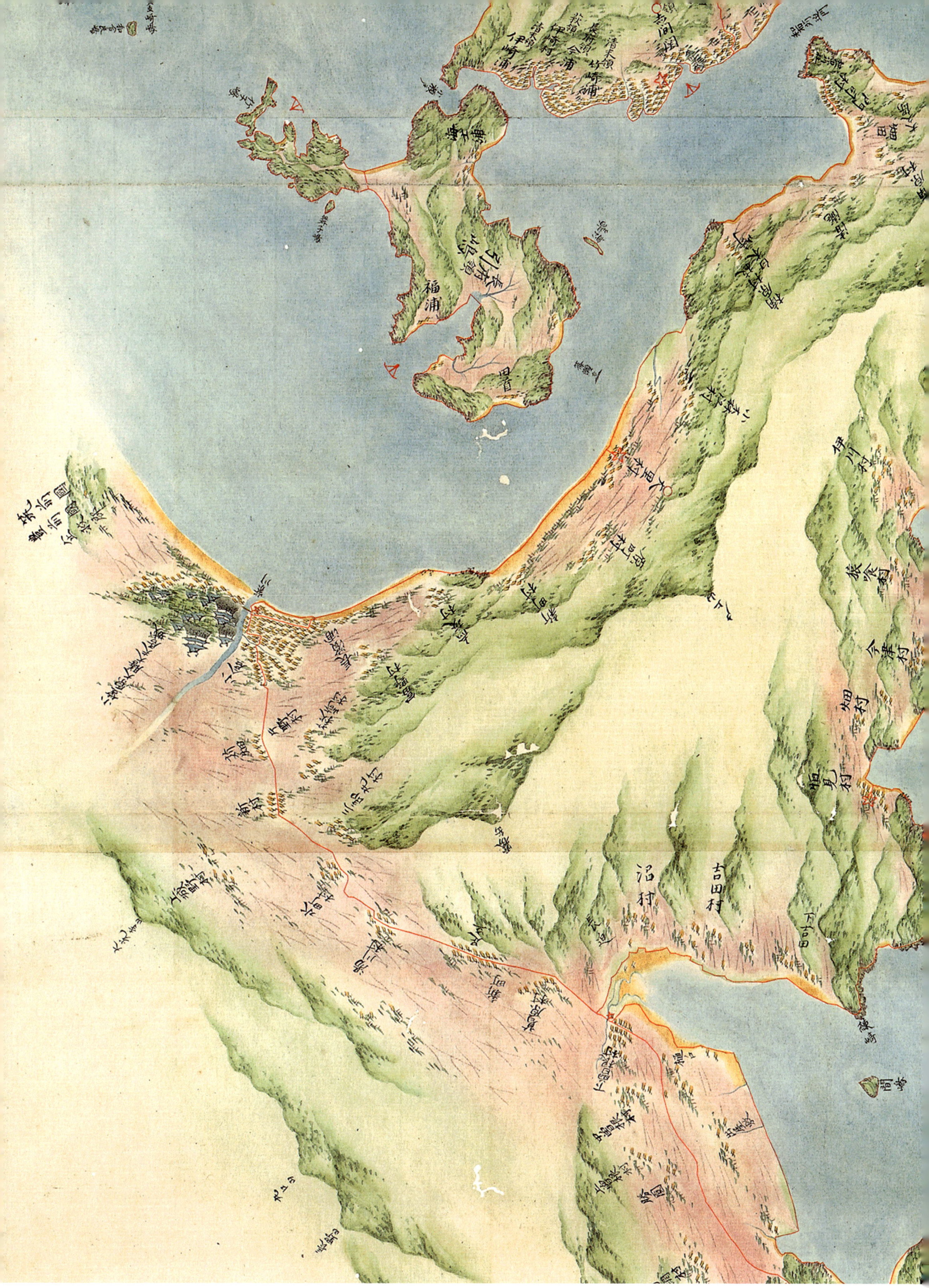

 九州沿海図　第1図　**小倉・下関**（2）

九州沿海図　第1図　小倉・下関（3）

九州沿海図　第2図　中津（1）

北四寸〇六厘五
東四尺七寸三分〇二

九州沿海図　第2図　中津（2）

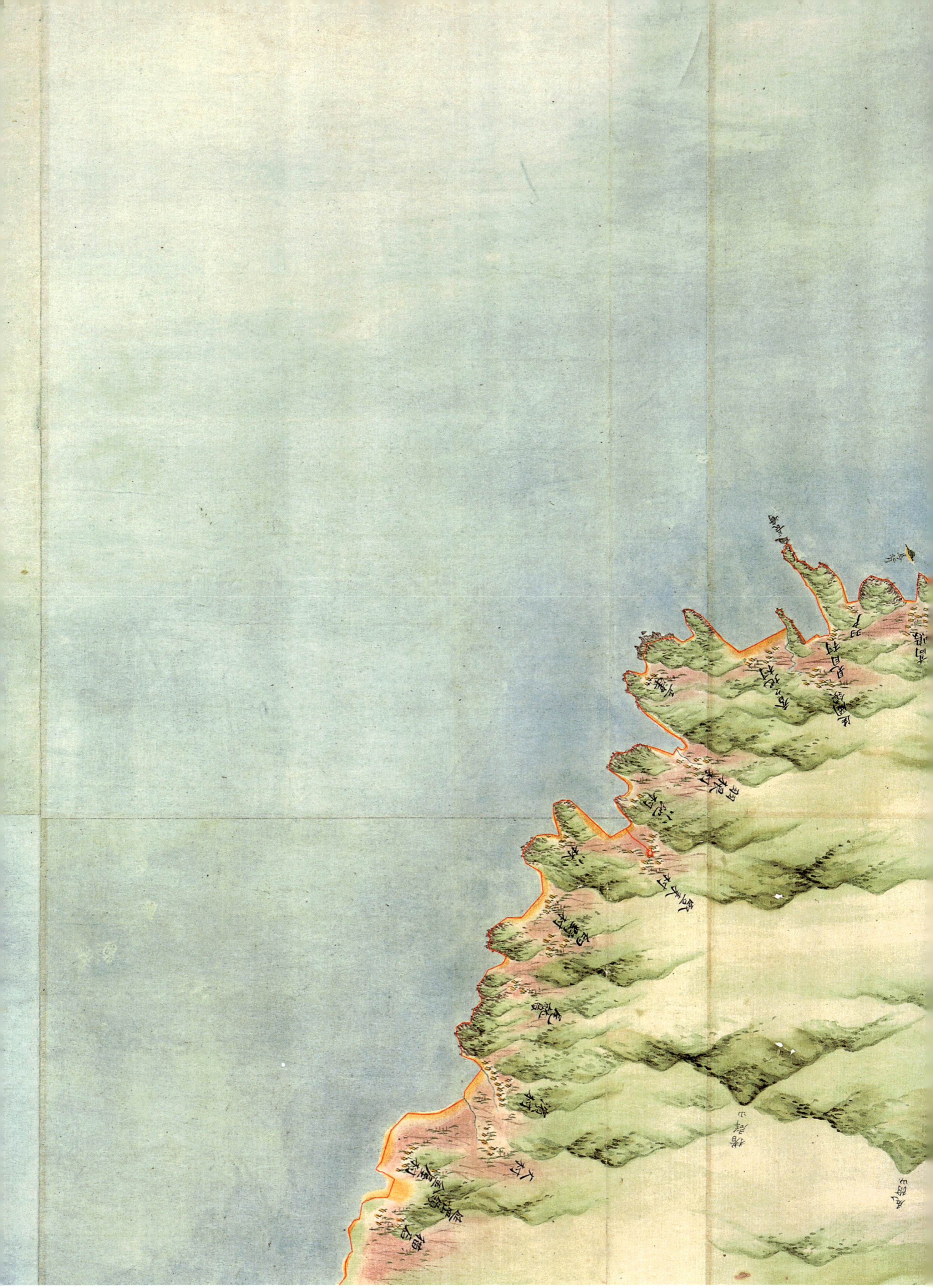

九州沿海図　第2図　中津（3）

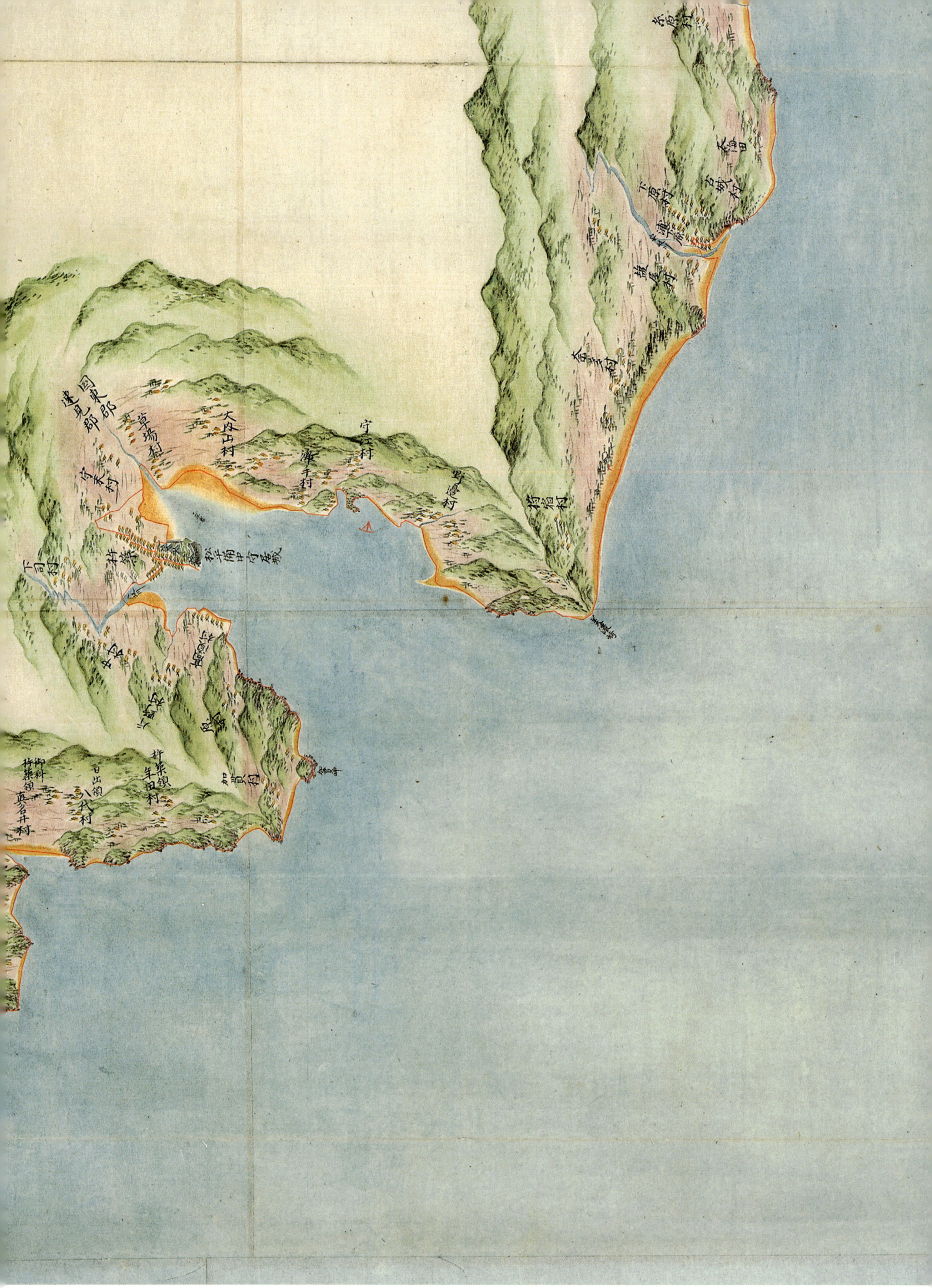

196 204
200
202

九州沿海図　第3図　**大分**（1）

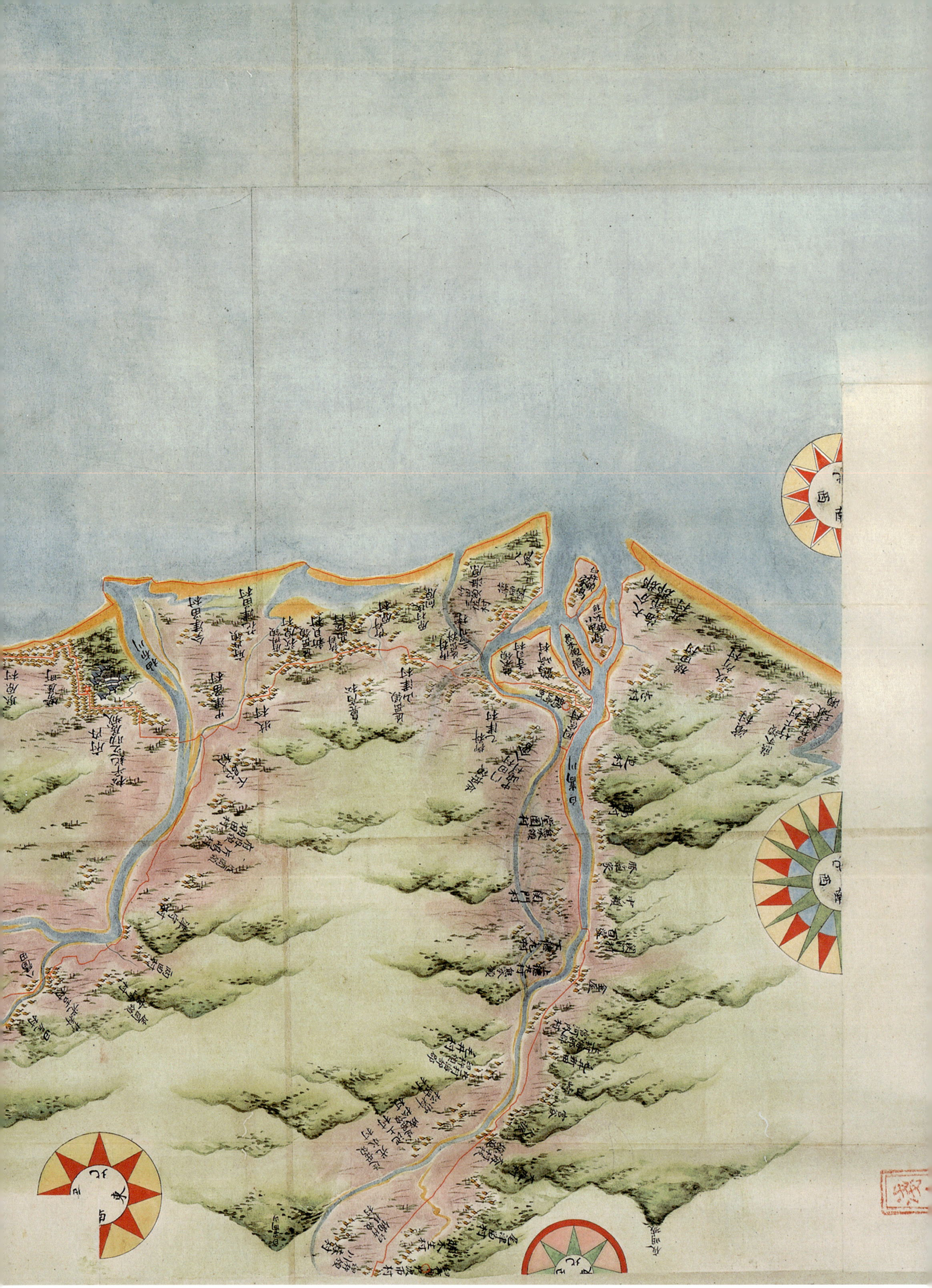

200
202 206
280

九州沿海図　第3図　大分（2）

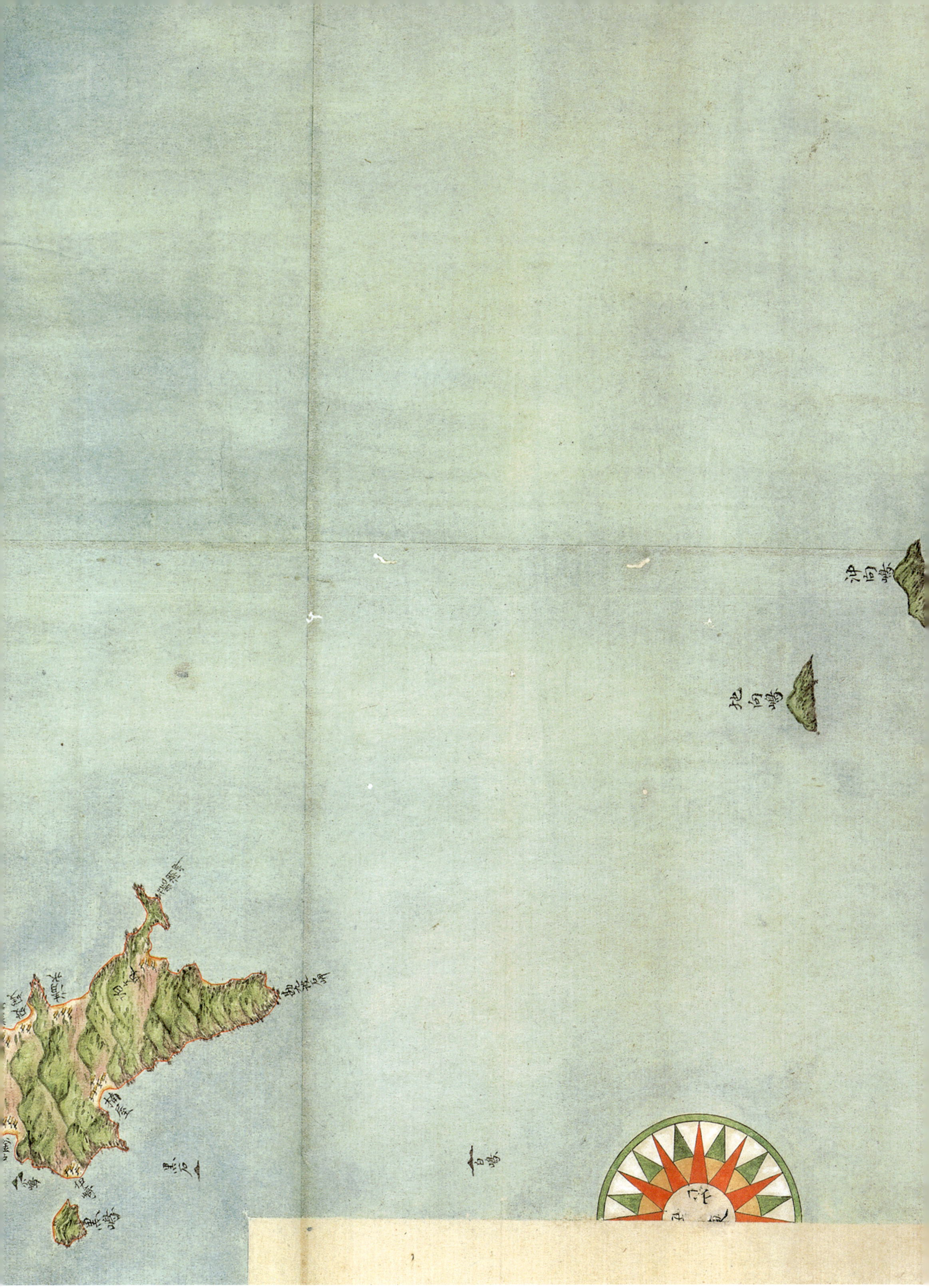

九州沿海図　第4図　臼杵（1）

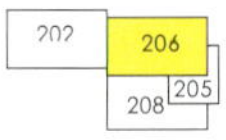
202
206
208
205

九州沿海図　第4図　臼杵（2）

 九州沿海図　第4図　臼杵（3）

保戸島
高浜
田野浦
蒲戸浦
福泊浦

九州沿海図　第5図　**佐伯**（1）

九州沿海図　第5図　**佐伯**（2）

212
214
216

九州沿海図　第5図　**佐伯**（3）

豊後國海部郡
日向國臼杵郡
市振村
古江村
熊野江村
福崎

 九州沿海図　第6図　**延岡**（1）

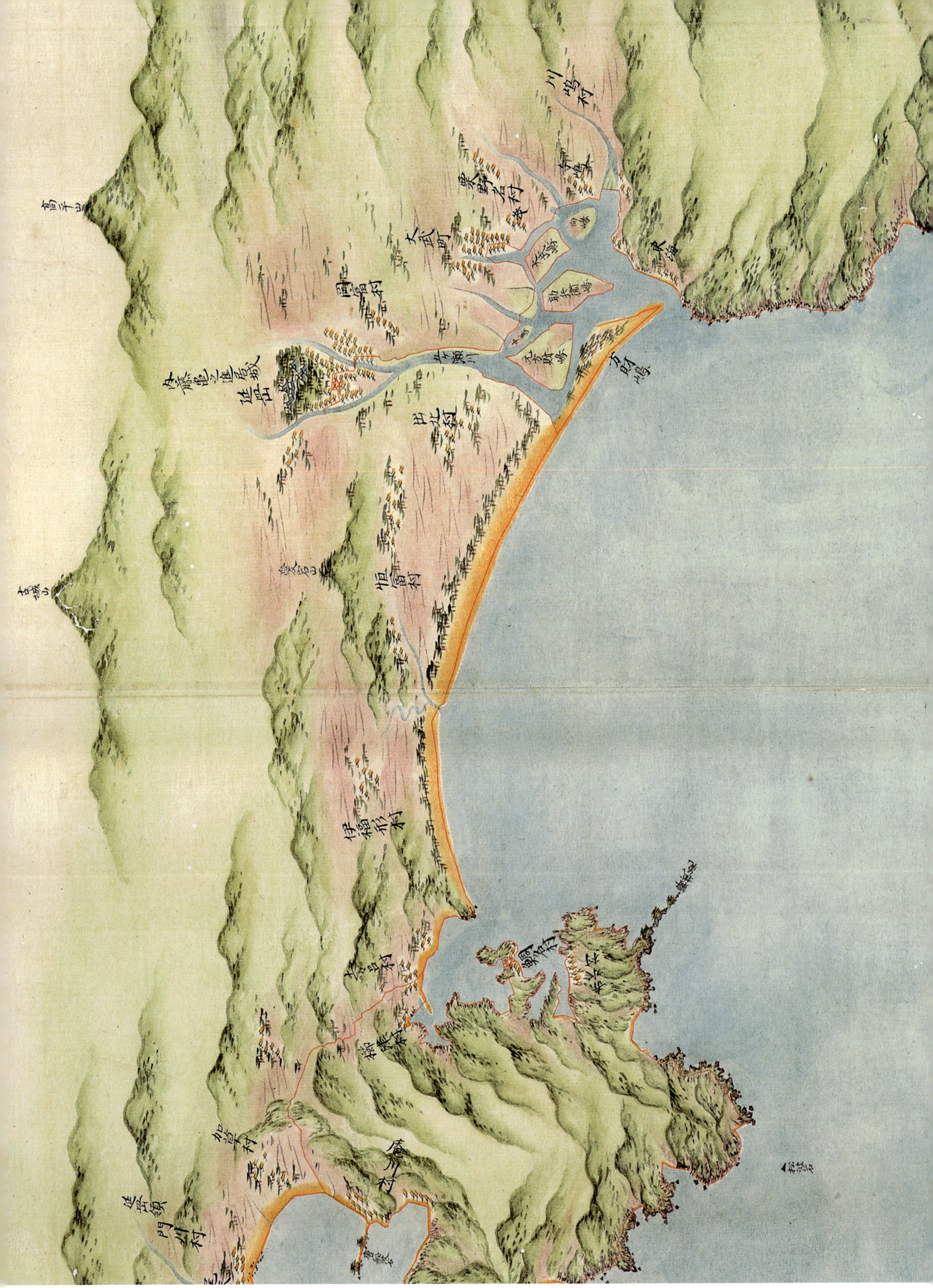

九州沿海図　第6図　延岡（2）

九州沿海図　第6図　**延岡**（3）

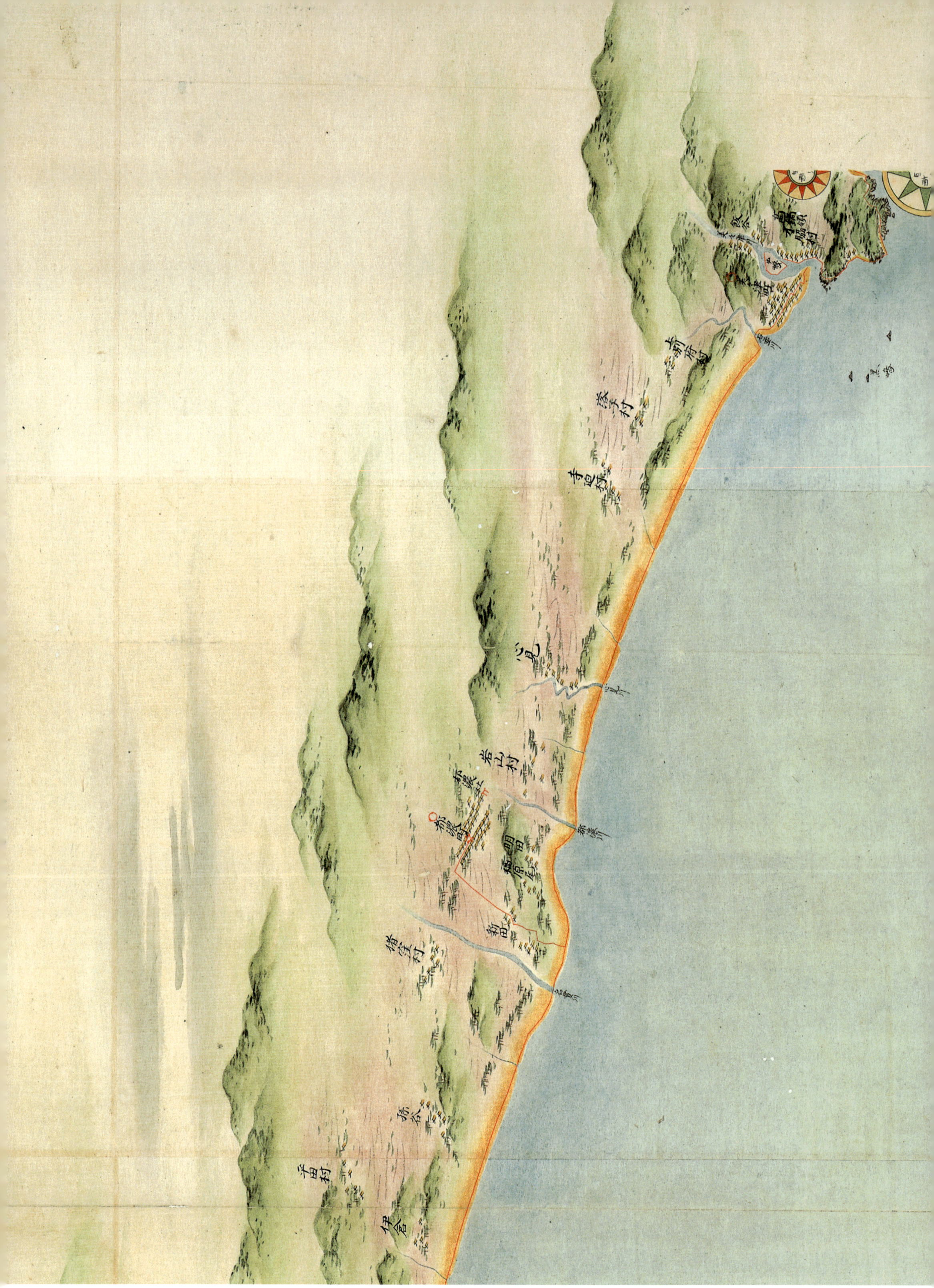

 九州沿海図　第7図　宮崎・高鍋（2）

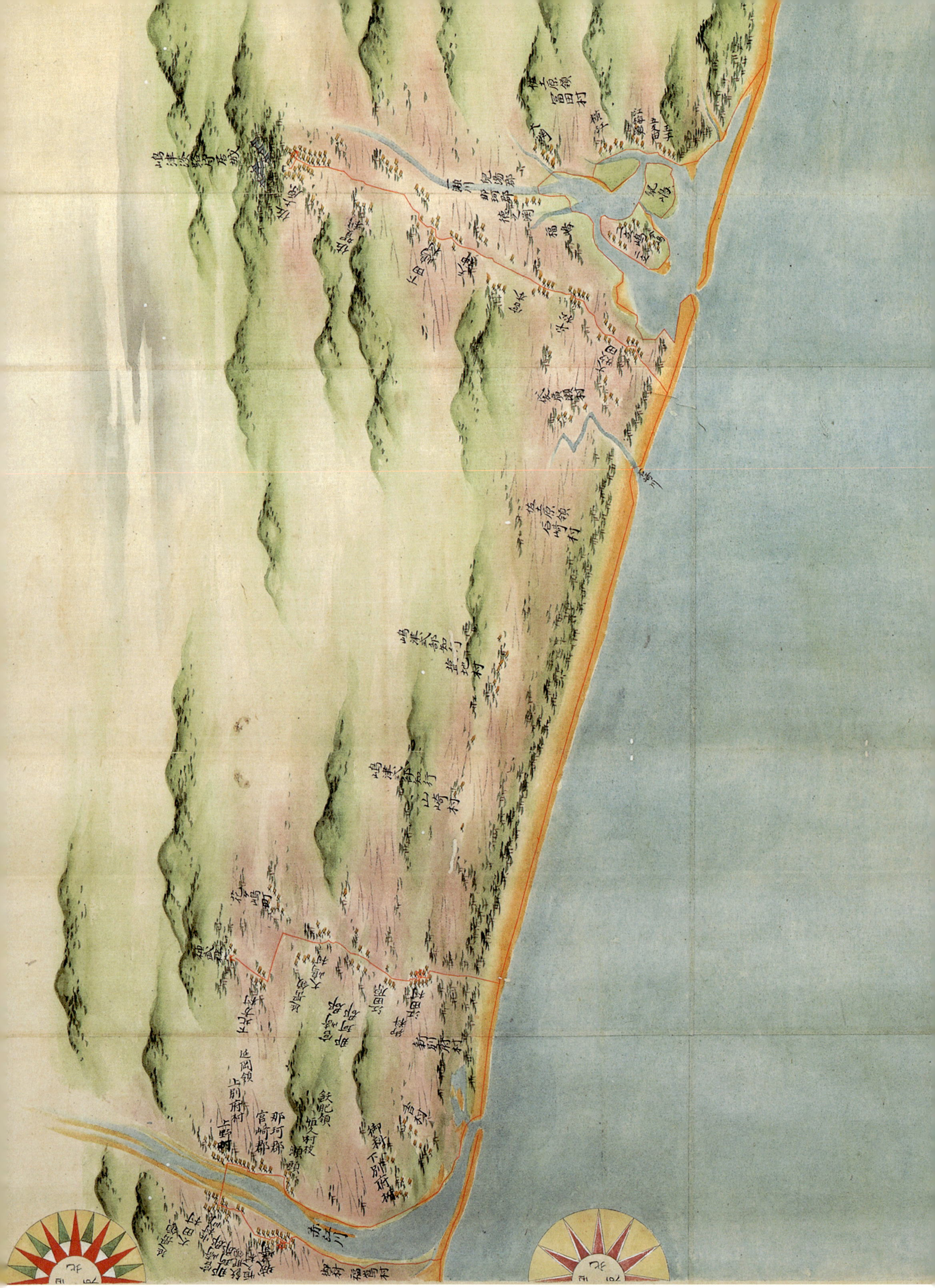

221
222
223

九州沿海図　第7図　宮崎・高鍋（3）

 九州沿海図　第8図　飫肥（1）

223
240 224
226

九州沿海図　第8図　**飫肥**（2）

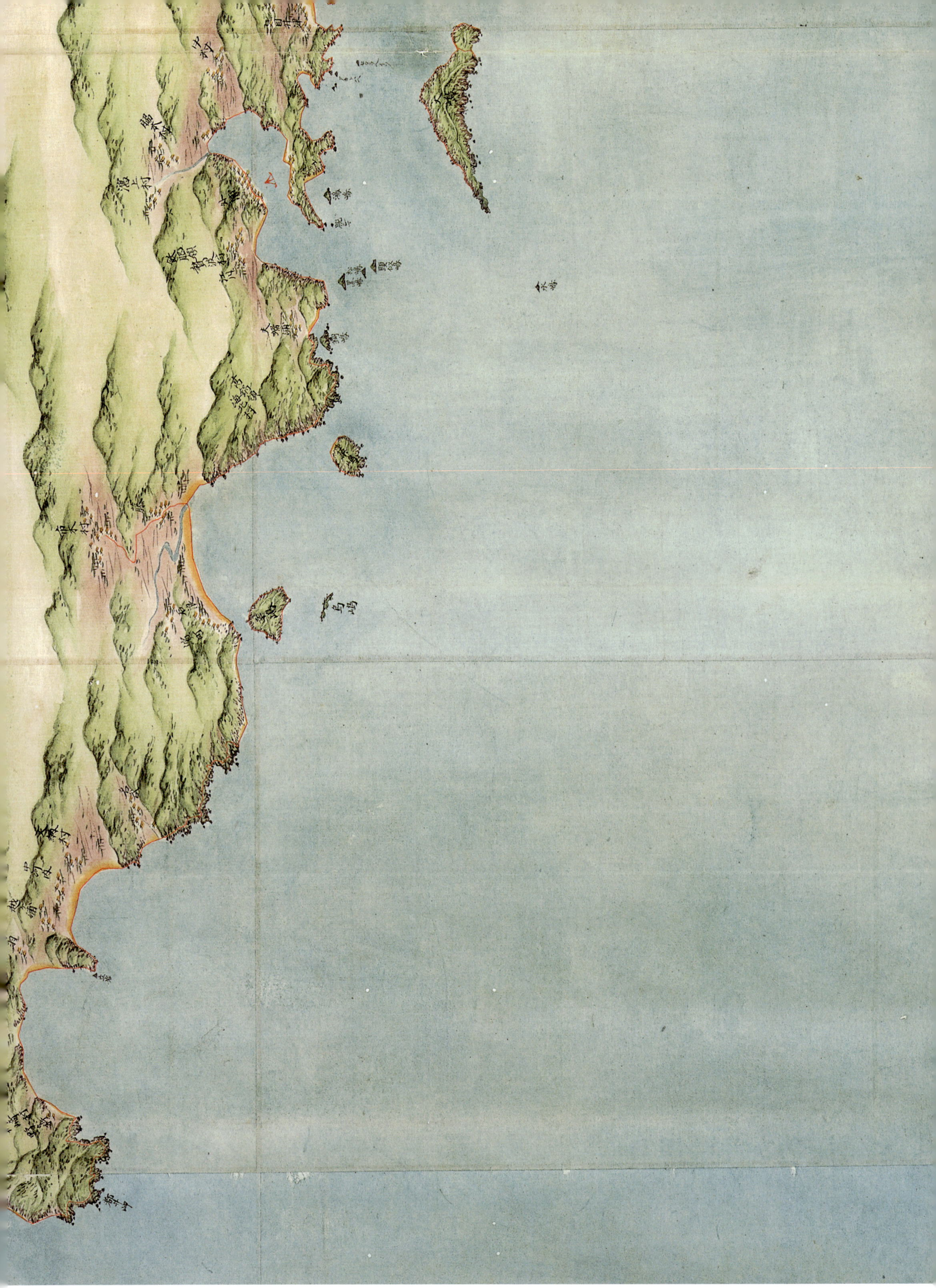

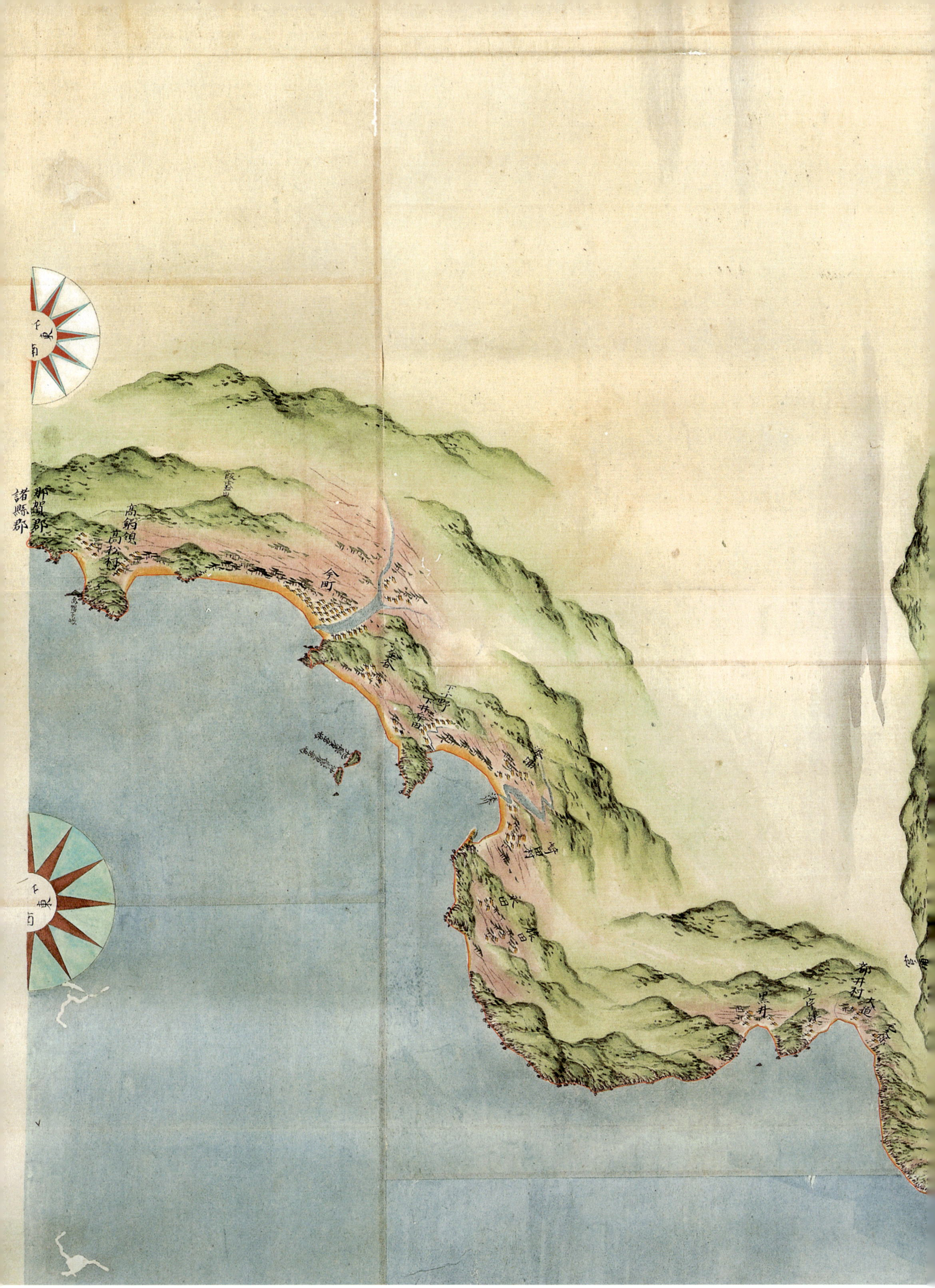

九州沿海図　第8図　**飫肥**（3）

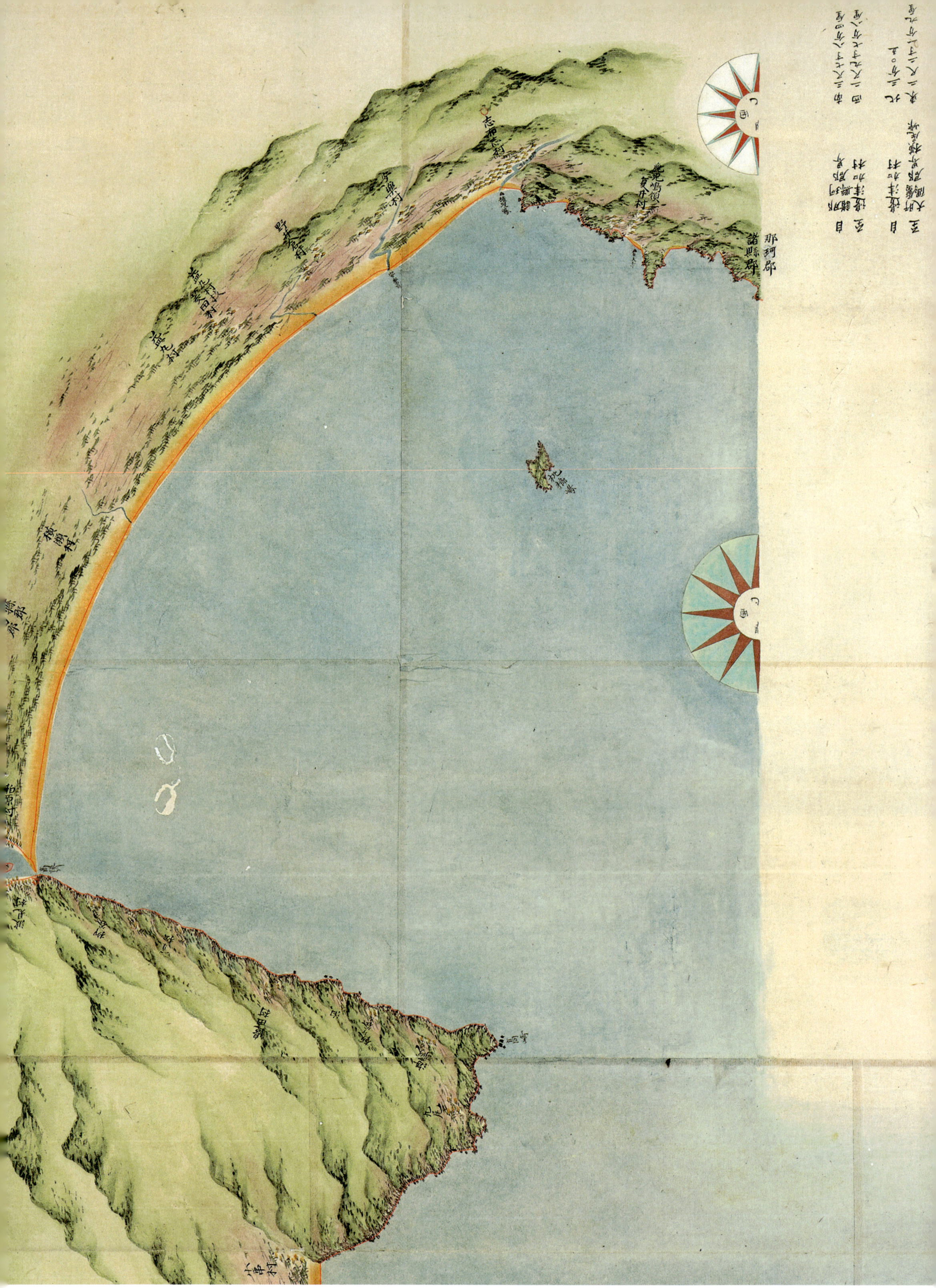

234 228 226
236 230

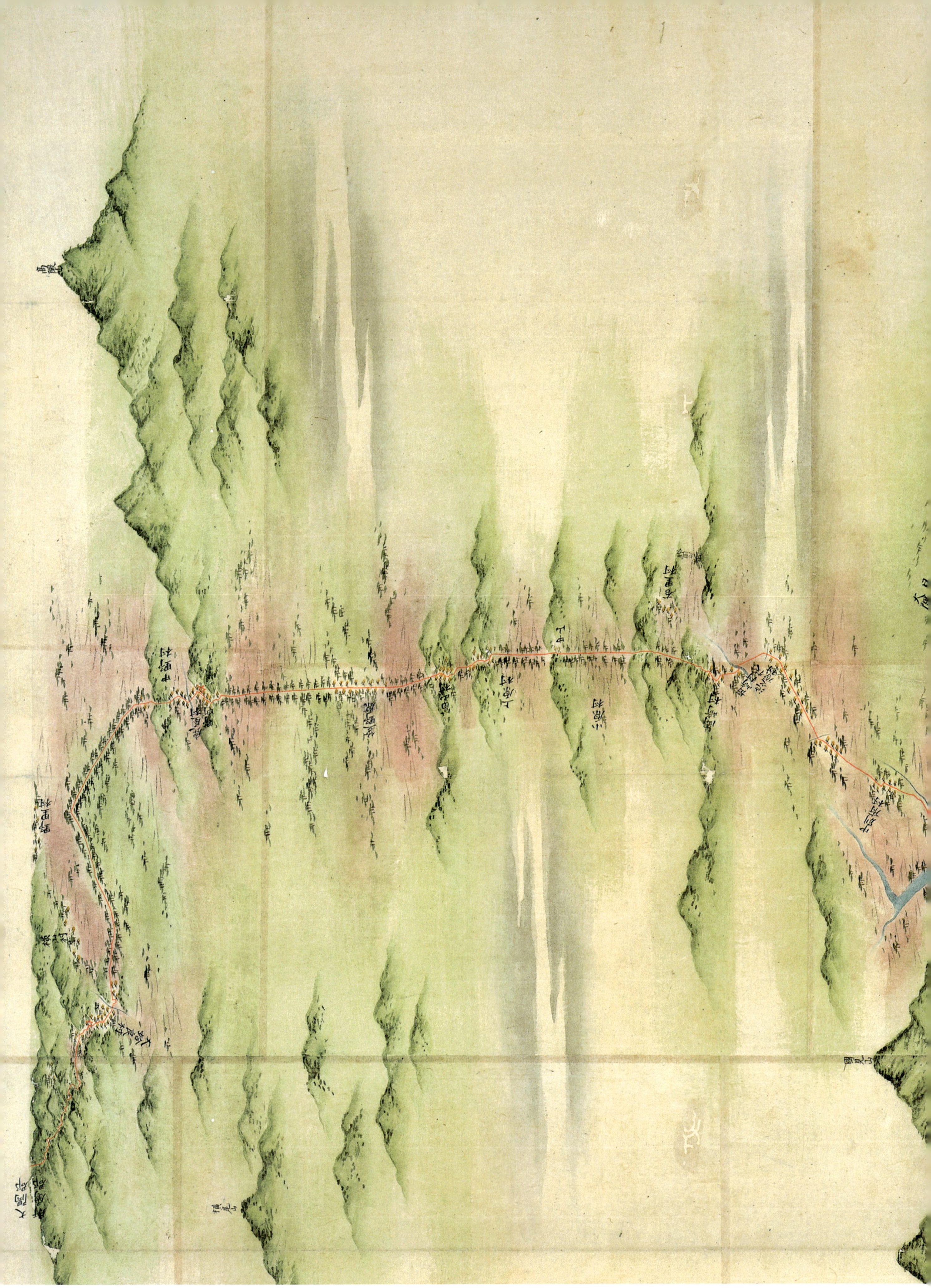

九州沿海図　第9図　**志布志**（1）

小串村

　九州沿海図　第9図　**志布志**（2）

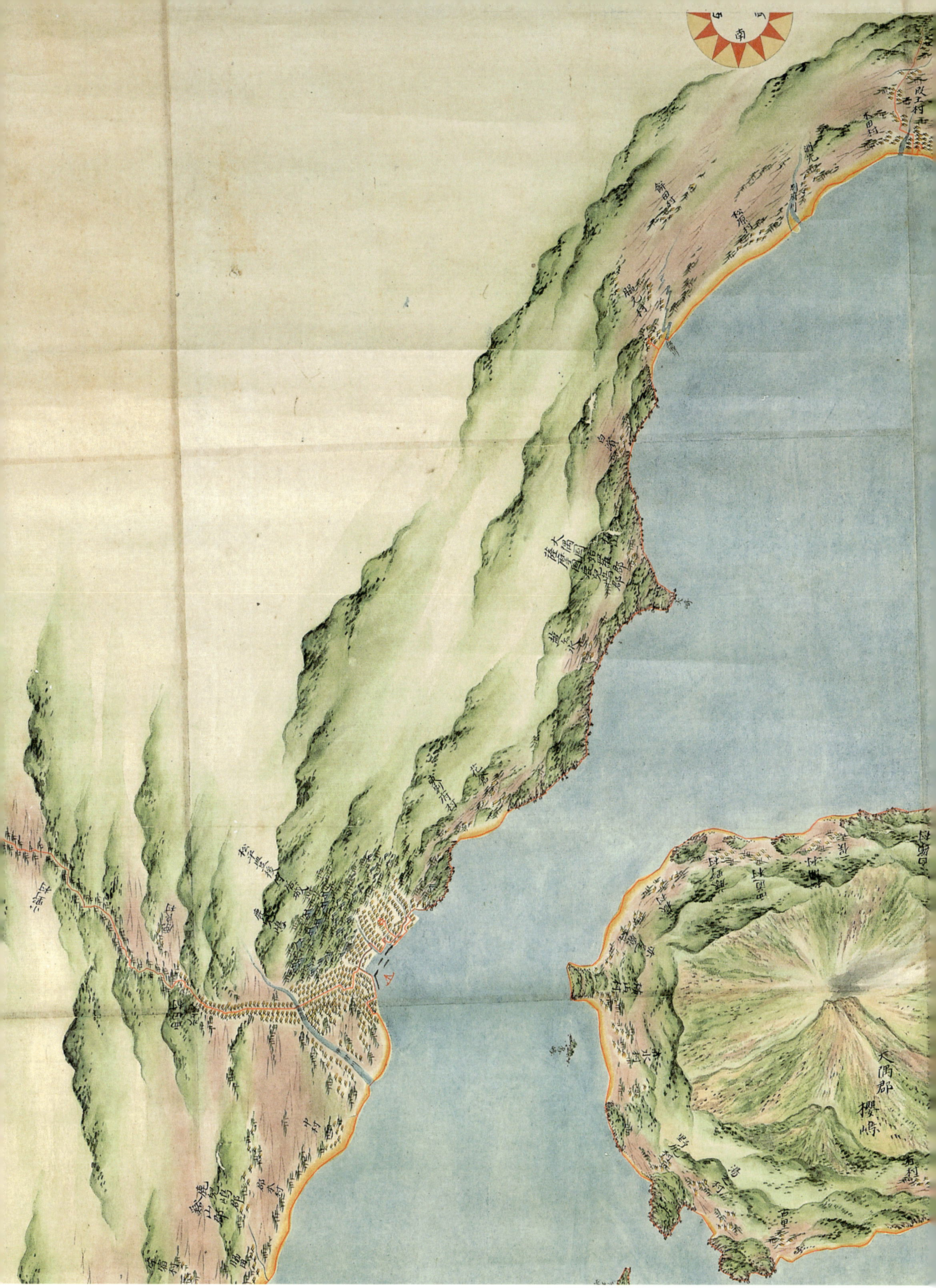

九州沿海図　第10図　**鹿児島**（1）

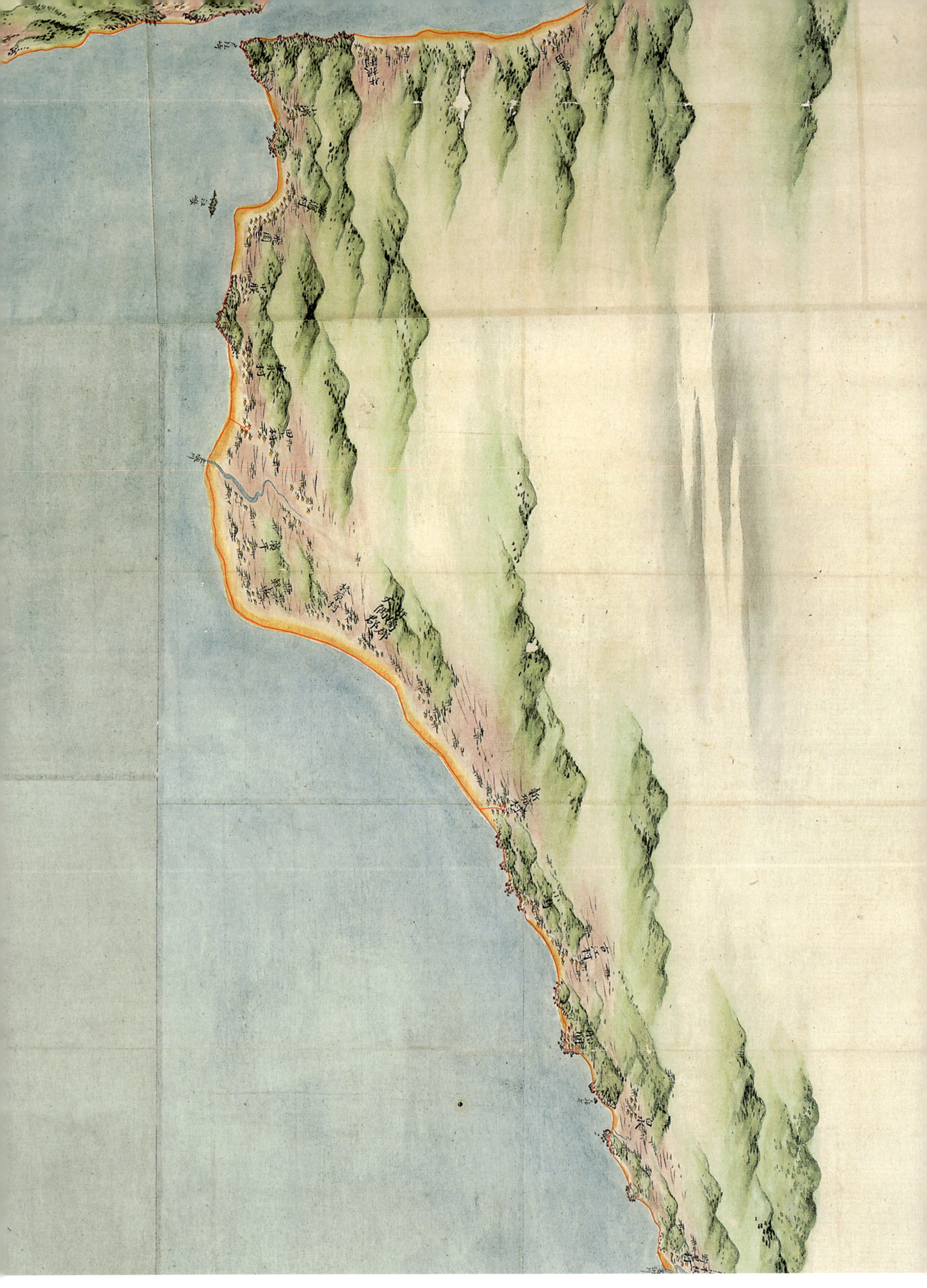

239 232
234 228
236

 九州沿海図　第10図　鹿児島（2）

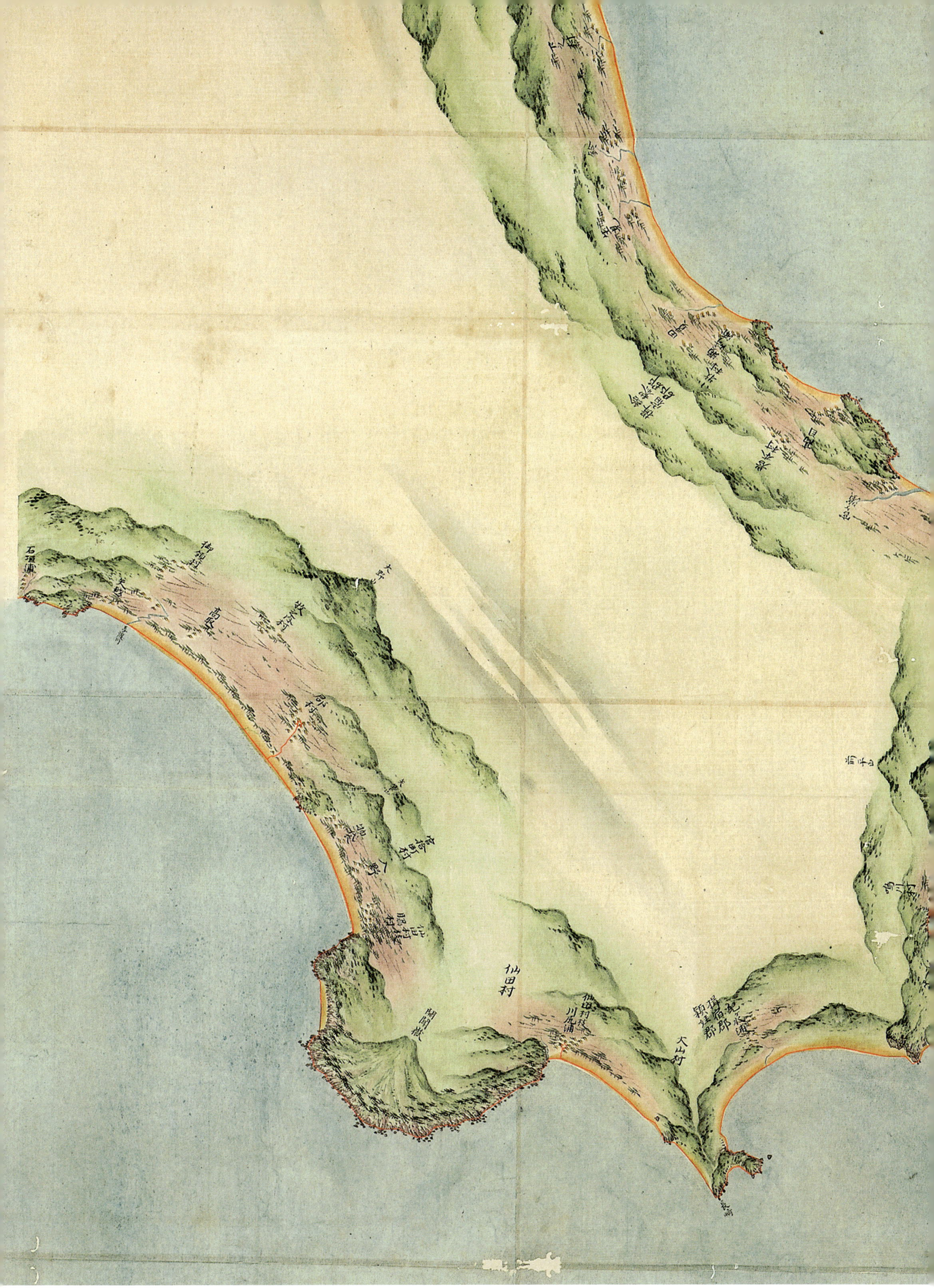

　九州沿海図　第10図　**鹿児島**（3）

236 230 238

九州沿海図　第10図　鹿児島（4）

九州沿海図　第10図　**鹿児島**（5）

246 239 232
244 234

日向國諸縣郡
大隅國囎唹郡
鶴木村
宮尾村
都城
井蔵田村
原口村
鷺巣村
寺柱村

九州沿海図　第11図　都城

鹿篭村
枕崎浦
給黎郡
河邊郡
西別府村
松浦
東別府村
頴娃郡
給黎郡
門之浦
大迫
三成川

　九州沿海図　第12図　**枕崎・串木野**（1）

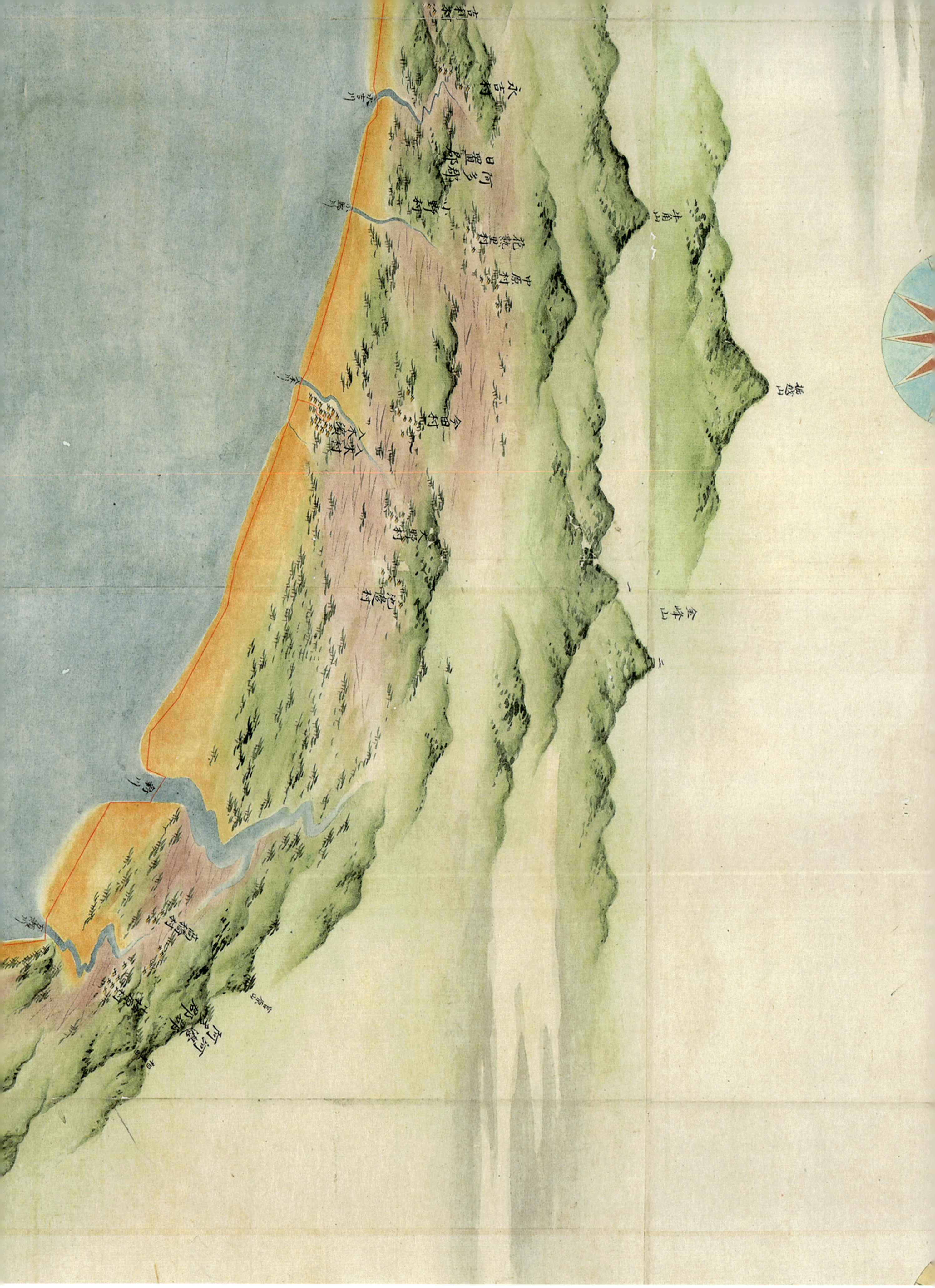
吉利村
永吉村
日置郡
小野村
花熟里村
中原村
今田村
大野村
金峰山

九州沿海図　第12図　枕崎・串木野（2）

九州沿海図　第12図　**枕崎・串木野**（3）

 九州沿海図　第13図　**川内・阿久根**（1）

紫尾山

九州沿海図　第13図　**川内・阿久根**（2）

253
256
250
248

 九州沿海図　第13図　川内・阿久根（3）

御所之浦
獅子島
和仁之浦

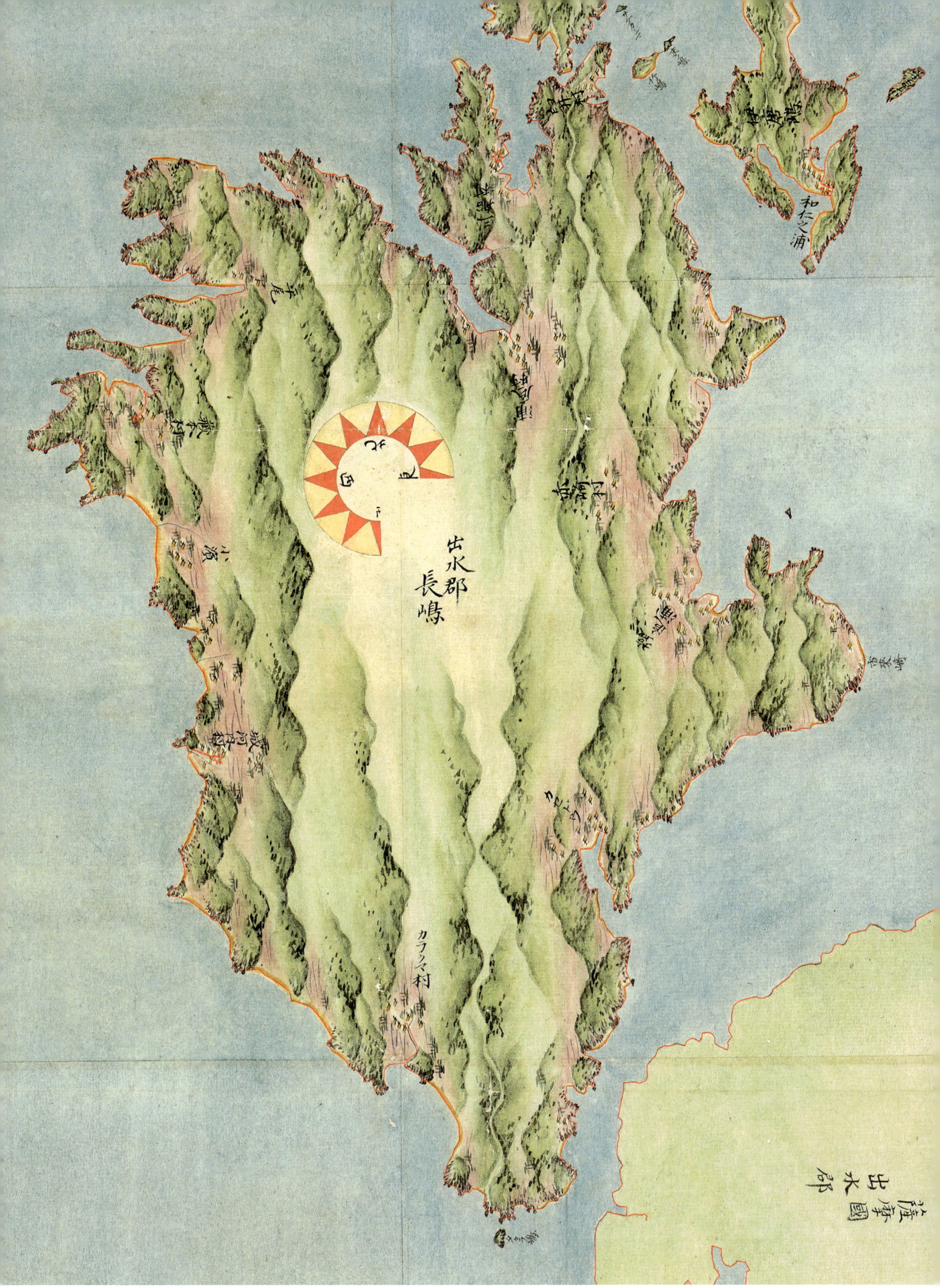

 九州沿海図　第14図　**長島**（2）

九州沿海図　第15図　**甑島**（1）

　九州沿海図　第15図　**甑島**（2）

佐敷町
佐敷村
市野瀬村

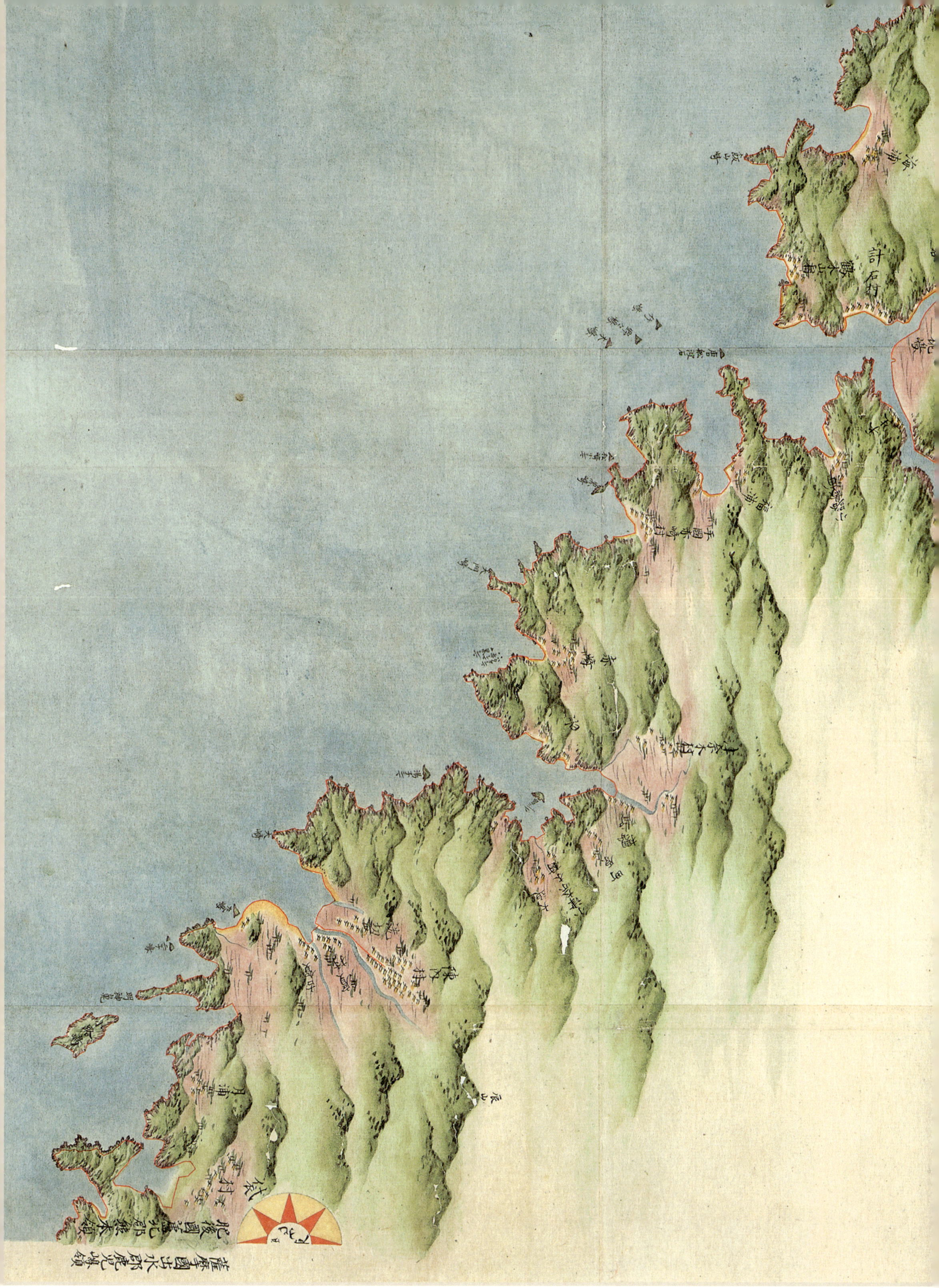

 九州沿海図　第16図　八代（1）

260
258
256 263

　九州沿海図　第16図　八代（2）

264
260
258

九州沿海図　第16図　八代（3）

 九州沿海図　第17図　人吉（1）

262
261
232

九州沿海図　第17図　人吉（2）

九州沿海図　第17図　人吉（3）

258 256 263 262

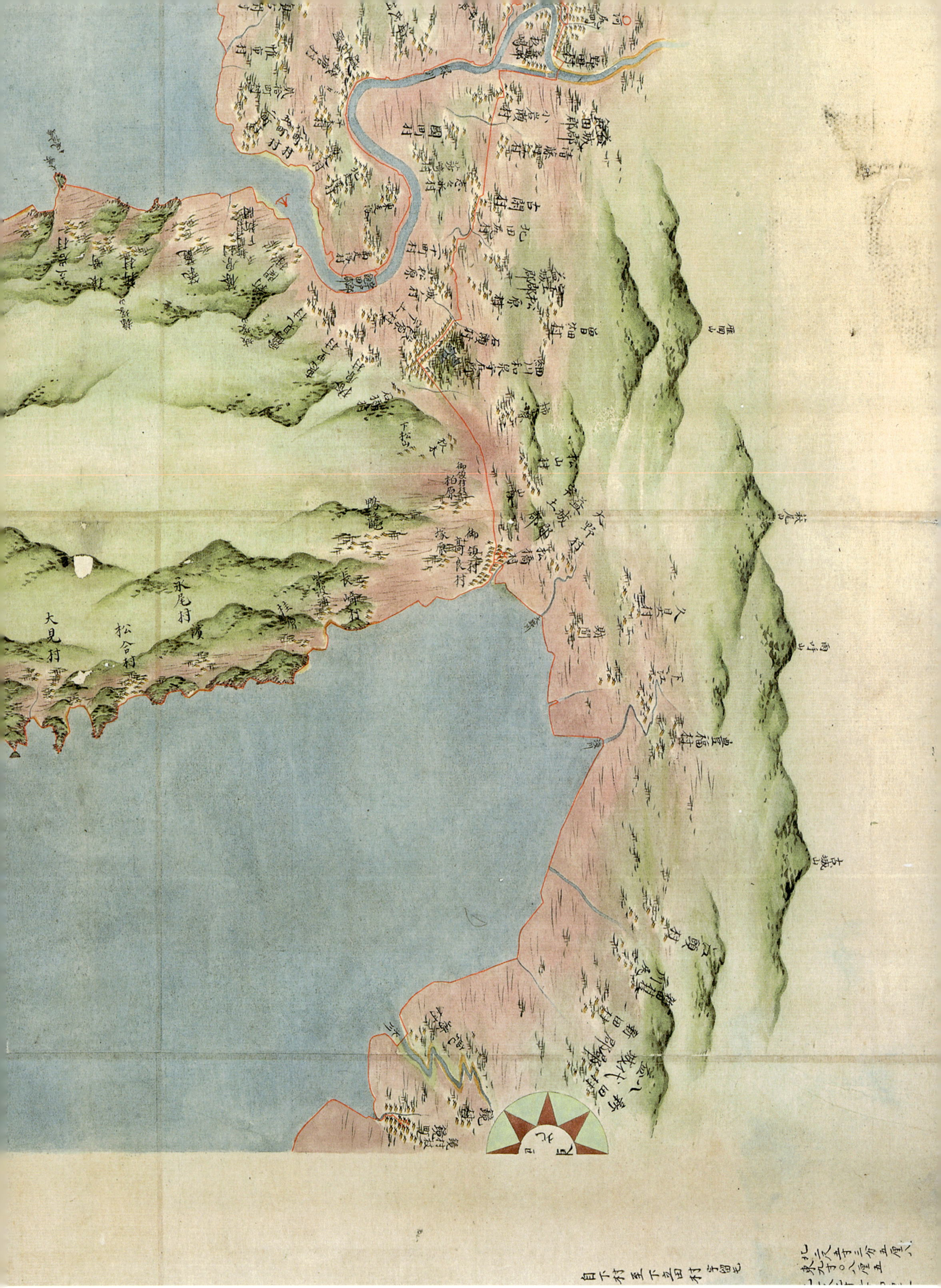
大見村
松合村
永尾村

　九州沿海図　第18図　**熊本**（1）

268
266 276
264

横嶋村

山鹿郡
玉名郡

九州沿海図　第18図　熊本（3）

272 274 270 250

九州沿海図　第19図　天草諸島（1）

肥後國
天草郡
上嶋

九州沿海図　第19図　天草諸島（2）

275
272 274
270

九州沿海図　第19図　天草諸島（4）

272 275 270 274

九州沿海図　第20図　阿蘇（1）

九州沿海図　第20図　**阿蘇**（2）

九州沿海図　第21図　豊後竹田（1）

 九州沿海図　第21図　豊後竹田（2）

【監修】渡辺一郎（わたなべ・いちろう）
1929年、東京都生まれ。1949年、逓信省中央無線電信講習所（現・電気通信大学）卒。日本電信電話公社（現・NTT）計画局員、データ通信本部（現・NTTデータ）調査役などを経て、51歳で退職。コビシ電機㈱副社長を10年間務めた後、1994年頃から「伊能図と伊能忠敬の研究」に専念。1995年、フランスで発見された伊能中図を佐原市（現・香取市）へ里帰りさせた機会に「伊能忠敬研究会」を結成。伊能忠敬研究会代表理事を経て、現在は名誉代表。編著書に、『伊能測量隊まかり通る』（NTT出版）、『伊能忠敬が歩いた日本』（筑摩書房）、『最終上呈版 伊能図集成』（共著、柏書房）、『伊能忠敬測量隊』（小学館）、『図説 伊能忠敬の地図をよむ』（河出書房新社）、『伊能大図総覧』（監修、河出書房新社）などがある。

第4巻の伊能図所蔵先　東京国立博物館（p.188-281）Image：TNM Image Archives／アメリカ議会図書館（p.12-28, 34-37, 43-47, 53-77, 80-118, 123-128, 134-139, 143-145, 156-161, 168-178）／海上保安庁海洋情報部（p.29-33, 38-42, 48-52, 119-122, 146-155, 162-167, 179-187）／松浦史料博物館（p.78-79, 129-133, 140-142）（詳細は第6巻参照）

伊能図大全《いのうずたいぜん》 第《だい》4巻《かん》　伊能大図《いのうだいず》 九州《きゆうしゆう》・九州沿海図《きゆうしゆうえんかいず》〔巻別版《かんべつばん》〕

2013年12月10日　初版発行
2018年 5 月20日　巻別版初版印刷
2018年 5 月30日　巻別版初版発行

監修　渡辺一郎
編集協力　横溝高一《よこみぞこういち》／戸村茂昭《とむらしげあき》／竹村 基《たけむらはじめ》
装幀・デザイン　渡辺和雄
発行者　小野寺優
発行所　株式会社 河出書房新社
〒151-0051 東京都渋谷区千駄ヶ谷2-32-2
電話（03）3404-1201［営業］（03）3404-8611［編集］
http://www.kawade.co.jp/
印刷・製本　NISSHA株式会社

Printed in Japan
ISBN978-4-309-81234-2